难忘的岁月

许 可 徐森林 ◎ 主编

中国书籍出版社
China Book Press

本书编委会

主　编　许　可　徐森林

副主编　刘会亭　蔡　杰　张春梅

　　　　　周秋梅　孔　娜　张德阳

　　　　　夏纪舟

前 言

　　红色基因是共产党人永葆本色的生命密码。红色基因根植于共产党人的血脉之中，成为共产党人的遗传因子，体现了共产党人的身份自信和使命担当。习近平总书记强调："广大青年要爱国爱民，从党史学习中激发信仰、获得启发、汲取力量""革命博物馆、纪念馆、党史馆、烈士陵园等是党和国家红色基因库。要讲好党的故事、革命的故事、根据地的故事、英雄和烈士的故事，加强革命传统教育、爱国主义教育、青少年思想道德教育，把红色基因传承好，确保红色江山永不变色"。红色基因是党的信仰之基、精神之本、生命之魂。近百年前，中国共产党人承担起民族救亡的重任，高举中华民族伟大复兴的大旗，带领中国人民走上独立与解放的道路。如今，中国人民在实现中国梦的道路上砥砺前行，那段红色记忆并没有过时，而是成为了中国人民攫取力量的宝贵财富。

　　济宁是全省乃至全国较早建立党组织的地区之一，1926年夏，济宁辖区内第一个中共党组织——中共曲阜二师支部诞生，拉开了中国共产党有组织领导济宁人民进行民主革命斗争的序幕。抗日战争爆发后，抗日烽火燃遍济宁大地，先后建立了湖西、鲁西、鲁中南等抗日根据地。铁道游击队活跃在微山湖畔，闻名中外；梁山战斗创造了以弱胜强、以少胜多的模范战例。全国解放战争时期，刘邓大军、陈粟大军在济宁党政军民的支持配合下，先后取得了巨金鱼、羊山集、兖州等重大战役的胜利。1948年，华东野战军前委在曲阜召开重要军事会议，对济南战役、淮海战役做出了具有重大战略意义和重要历史意义的具体部署，对全国解放战争的最后胜利发挥了重要作用。济宁是一片红色革命热土，是一座革命英雄城市，在这里诞生了无数位英雄儿女，这些历史始终激励着济宁奋勇创新。

弘扬红色文化、传承红色基因是新时代学校铸魂育人的重要使命，我们必须加强革命传统教育、爱国主义教育、青少年思想道德教育，讲好党的故事、革命的故事、根据地的故事、英雄和烈士的故事，教育引导广大青年学生深刻认识中国共产党执政的初心和使命，深刻认识红色政权来之不易、新中国来之不易、中国特色社会主义来之不易、今天的幸福生活来之不易，深刻认识中国从站起来、富起来到强起来的历史必然，筑牢信仰之基、补足精神之钙、把稳思想之舵，让红色基因代代相传，确保红色江山永不变色。为此，我们编写了《难忘的岁月》，力求从济宁百年来在革命、建设和改革开放中的大事件、涌现出的英雄儿女事迹、革命遗址红色地标及传承红色文化基因的重要意义四个方面，系统阐述济宁革命波澜壮阔的红色历史，使广大青年学生从中深刻领悟理想信念的光辉和信仰信心的力量，把爱国情、强国志、报国行自觉融入坚持和发展中国特色社会主义、建设社会主义现代化强国、实现中华民族伟大复兴的奋斗之中，努力成为德、智、体、美、劳全面发展的社会主义建设者和接班人。

编　者

2021年6月

目 录

序论 ……………………………………………………………………………… 1

第一章 红色文化著历史——济宁革命、建设和改革开放大事件 ……… 13
 第一节 激情燃烧的岁月，新中国成立前济宁人民英勇奋斗 …………… 14
 第二节 砥砺前行，新中国成立后的过渡与社会主义初期探索 ………… 30
 第三节 改革开放不停步，社会发展谱新篇 ……………………………… 33

第二章 红色文化育英雄——济宁革命、建设和改革开放中的好儿女 … 41
 第一节 风火狼烟战争中的英雄儿女 ……………………………………… 43
 第二节 社会主义建设时期涌现的英雄模范 ……………………………… 50
 第三节 改革开放时期的好儿女 …………………………………………… 56

第三章 红色文化铸精魂——济宁革命、建设和改革开放中的红色地标 … 59
 第一节 山东省文物保护单位——中共山东省立第二师范支部旧址 …… 61
 第二节 全国重点烈士纪念建筑物保护单位——羊山革命烈士陵园 …… 62
 第三节 山东省国防教育基地——微山湖英烈纪念园 …………………… 65
 第四节 梁山歼灭战遗址纪念园 …………………………………………… 68
 第五节 城区爱国主义教育基地和党员教育基地——济宁烈士陵园 …… 71
 第六节 省级爱国主义教育基地——济宁市博物馆 ……………………… 72
 第七节 山东省科普教育基地——济宁城市展示馆 ……………………… 74

第四章　传承红色文化基因，坚定"四个自信" ······ 79
　第一节　学史明理，汲取智慧力量 ······ 81
　第二节　学史增信，坚定"四个自信" ······ 100
　第三节　学史崇德，明大德守公德严私德 ······ 115
　第四节　学史力行，在知史中奋发有为 ······ 120

结束语 ······ 124

序 论

难忘的岁月

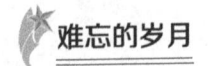

图说

济宁，古称"任城"，属古九州之一的兖州，古代鲁国的故地。济宁具有7000年的文明史，有着悠久的历史和深厚的文化底蕴，是东方文明、中华文明的重要发祥地之一。孔子、孟子、颜子、曾子、子思子五大圣人均出生于此。儒家五圣在儒家学派中占重要地位，为历代儒客尊崇，对后世有着深远的影响，济宁因此有了"东方圣城"之名。济宁古运河，俗称济州河、运粮河，是鲁运河的一部分。京杭大运河流经济宁约230公里，串联了济宁城区、南阳古镇、微山岛、独山岛、南旺分水龙王庙、中都佛苑等重要的旅游吸引物，是一条文化内涵丰富、旅游资源密集的文化遗产廊道。元明清三朝均设有最高司运机构河道总督衙门，使济宁成为声名显赫的"运河之都"。故，济宁素以"孔孟之乡、运河之都、东方圣城、礼仪之邦"著称。

济宁市位于鲁西南腹地，是连接华东与华北、中原与沿海的重要交通枢纽，具有优越的人文地理条件。如今的济宁，作为中国优秀旅游城市、全国文明城市、山东省鲁南城市带中心城市，以它得天独厚的地理位置，灵韵毓秀的历史文化，如一颗璀璨明珠，在齐鲁大地上熠熠生辉。

一、源远流长的济宁地域文化

济宁地区文化底蕴丰厚，是中华文明的重要发祥地和儒家文化发源地，儒家文化、始祖文化、水浒文化、运河文化、红色文化、佛教文化交相辉映，传统文化成就了济宁的文化特色，尤以儒家文化、运河文化、水浒文化影响最为深远。

知识链接：济宁历史简介

夏商时期，伏羲氏中的"有仍氏"部族在境内建立了"仍国"（又称"有仍国"）。西周分封时，仍国被封为任国（古仍、任字异音同）。秦统一中国后始行郡县制，改称任城县。五代时期称济州。北宋时期称济州济阳郡。元至元八年（1271年）升济州为济宁府，这一时期最早出现济宁一名。济宁地名的由来，因任城一带地势较高，可免水灾，能保安宁，故为济宁。明朝时先为济宁府，后属兖州府，清朝时为济宁直隶州。辛亥革命后，废州府设道，先后为岱南道、济宁道。

国民党统治时期曾属鲁西行政公署第一、二督察区。日伪时期属鲁西道，后改兖济道。抗日战争胜利后的国民党统治时期（1945年8月~1946年1月，1946年9月~1948年7月），济宁称为济宁县，属山东省第二区行政督察专员署。1946年1月9日，解放军第一次解放济宁，当时以城区及近郊划为济宁市，属冀鲁豫七专区，3月29日升为地级市，直属冀鲁豫行署，同年9月，国民党军队占领济宁。1948年7月14日济宁重获解放后，将原济宁城区及近郊复称济宁市。初属冀鲁豫行署，同年8月划归山东省，属鲁中南行署。建国以来，济宁的行政区划有多次较大的变动。1949年分属于鲁中南行署的尼山、台枣两个专区。1950年行署撤销后，尼山、台枣两专区合并为滕县专区，辖16个县市。1953年滕县专区与湖西专区合并，改为济宁专区，辖14个县市。1958年曾与菏泽合并，辖17个县市。1959年济宁、菏泽两个专区又在原来的基础上分开，辖8县1市。1961年峄县改为枣庄市，归省直属。1978年又将滕县划归枣庄市。1978年底济宁地区辖10县1市。1983年10月，济宁改为省辖地级市，辖9县2区。1986年，曲阜县撤县设市。1989年12月，梁山县划归济宁市。1992年，兖州县、邹县分别撤县设市。1993年12月，市郊区改名为任城区。2013年11月，经国务院批准，撤销市中区、任城区，设立新的任城区；撤销兖州市，设立济宁市兖州区。

济宁区位图

难忘的岁月

（一）始祖文化

文献记载，炎帝曾在曲阜建立国都，因而，济宁一带曾是炎帝部族活动的区域。《史记索隐》中三皇本纪载："炎帝神农氏，姜姓……以火德王，故曰炎帝"，又说炎帝"初都陈，后居曲阜"。《帝王世纪》也说："炎帝都于陈，又徙鲁"。陈即今河南睢阳县。有学者认为，炎帝徙都曲阜之后，因先后与蚩尤、黄帝部族作战，后败退西部，其部族也随之迁于姜水流域，成为姜姓的始祖。黄帝生于寿丘，寿丘即今曲阜城东旧县村。北宋真宗皇帝为了纪念"黄帝生于寿丘"，于祥符五年（1012年）下诏改曲阜县为仙源县，县城也迁往寿丘；并下圣旨，建起了1320楹的黄帝庙，名为"景灵宫"，以供春秋奉祀。

（二）儒家文化

由孔子创立形成的以"仁"为核心的儒家思想体系，提倡"仁政与德治"，是中国历史上历时最久、影响最大的思想意识学派。无论是在"黑云压城城欲摧"的历史乱世，还是"稻米流脂粟米白"的太平盛世，儒家思想都以一种主流文化的姿态塑造了中华民族的性格，使华夏文明绵延千秋。儒家思想对国民心理的塑造、社会的稳定起到了最基础、最重要的作用。

儒家思想强调仁与礼、仁与义的统一与结合，使情感与社会规范、道义结合，其"忠孝"观念和"舍生取义"思想，在中国历史上铸就了无数的民族英雄。先秦儒家爱国主义教育思想具体表现为一种国家民族危难时深沉的忧患意识，一种振兴中华民族、维护祖国统一的高度责任感，一种为中华民族利益不惜牺牲个人利益的崇高奉献精神，对形成中华民族的爱国主义传统起到十分重大的作用。

在瞬息万变的现代社会中，儒家思想作为思想道德建设的一个重要组成部分，对塑造中华民族的精神人格，对尽快建成以马克思主义为指导、以儒家思想为核心的传统文化为主体的价值体系，对社会主义精神文明建设都具有深远意义。

儒家思想不仅对中国、东亚，乃至世界都具有深远的影响。以儒家为核心的中华文明正视文明的多样性，不是以一个文明消灭另一个文明，不是消除文明之间的差异，而是因交流而多彩，因互鉴而丰富。历史上，魏晋时期，佛教东传，吸收了不少儒家和道家的思想，实现了佛教的中国化；宋明时期，儒家吸收佛教思想，形成了宋明理学。如习近平总书记所言，中华民族历来是一个爱好和平的民族，爱好和平在儒家思想中也有很深的渊源。比如"协和万邦""亲望亲好，邻望邻好""国虽大，好战必亡"等。而中国近代以来所经历的种种苦难，也让中国更能体会和平的来之不易。当"西方中心主义""历史终结论"席卷世界，在各地造成种种流血和冲突，染红了世界版图之时，儒家"以和为贵"的思想为讲好中国故事，增强人类命运共同体的理念和中华文化影响力作出了济宁贡献。

儒家文化景点以孔子诞生地曲阜、孟子诞生地邹城和曾子诞生地嘉祥为主，代表景点有被称为中国书法艺术宝库的孔庙、"天下第一家"的孔府、世界上最大的家族墓地的孔林，且被列入世界历史文化遗产。孔庙、孔府规模宏大，文物荟萃，是全国三大古建筑群之一，被联合国教科文组织命名为"世界文化遗产"。邹城代表景点有孟府、孟庙、孟林、孟母林。曾庙坐落于山东省嘉祥县城南23公里的南武山南麓，建筑布局沿中轴线分正、左、右三路，共三进院落，迄今保留了鲜明的明代建筑风格，是一处极具代表性的我国古代官式建筑群体。

（三）运河文化

京杭大运河从济宁穿过，自元代开始，管理运河的最高衙门就设在济宁，因而，济宁被誉为"运河之都"。作为国家运输动脉的运河，促进了济宁商品经济的繁荣，也孕育了济宁灿烂的运河文化。李白、杜甫在此携手漫游，饮酒赋诗；康熙、乾隆在此驻跸，题词作赋。

> **知识链接**
>
> 唐朝伟大的浪漫主义诗人李白，于36岁携妻子和女儿自湖北安陆迁居济宁（唐称任城）。后将家迁至曲阜城西25里的地方，即李白诗中所说的"窜身鲁门东"。在他61年的人生旅途中，有长达23年居住在济宁。
>
> **赠任城卢主簿**
>
> 唐　李白
>
> 海鸟知天风，窜身鲁门东。
> 临觞不能饮，矫翼思凌空。
> 钟鼓不为乐，烟霜谁与同。
> 归飞未忍去，流泪谢鸳鸿。
>
> **译文：**
>
> 海鸟感知大风的到来，飞到鲁国都城东门外避风。面对杯中的酒，却无心畅饮，挥着翅膀渴望在天空翱翔。祭祀的钟鼓也不能让它开心，烟霭霜雾能与谁相共。不忍心就这样归去，只能以泪愧谢贤德友朋。

济宁是调控中国南北大动脉的枢纽，汶上南旺镇为"运河之脊"，建有运河上最为先进和知名的水利工程——南旺分水工程，号称"北方都江堰"，堪称世界水利史上的奇迹。"岛在湖中、运河穿岛而过"。南阳岛上的古镇为运河四大古镇之一，店铺林立，商业繁荣，街巷为青石铺地，民居为青砖灰瓦，古色古香，颇具文化品位，是展现古运河生态和民俗文化不可多得的载体。浣笔泉、古运河、太白楼、铁塔寺、声远楼、王母阁、东大寺、岱庄教堂等景点星罗棋布于济宁城区，各具特色。

因有"水陆交汇，南北要冲之区，襟带汶泗，控引江淮、灌运咽喉"的古运河流经，南北运输的船只在此聚集，运河之滨的济宁逐渐成长为中国的南北水运枢纽，明清时期发展成为山东最繁华的城市之一，五方杂处带来多元文化的交流碰撞，逐渐融合成独特的济宁文化。其中，被称为北朝最初名胜、东土第一道场的宝相寺就是文化交融的典型。汶上宝相寺太子灵踪塔塔宫出土的佛牙、舍利子等佛教圣物，震动了国内外佛教界，每年定期举行的汶上太子灵踪文化节享誉海外。中都博物馆、供奉殿、大雄宝殿、汶上县城市规划展览馆、礼佛大道等建筑气势宏伟。

(四) 水浒文化

在济宁这片神奇的土地上，既诞生了高山仰止的儒学思想，又孕育了忠义豪放的水浒文化，东文西武，相得益彰。

水泊梁山因《水浒传》而闻名天下，忠义堂、断金亭、黑风口、水浒寨、一关、二关等景点构筑了梁山大寨的雄姿，宋江寨墙、扭头门、宋江井、疏财台、试刀石等遗迹诉说着英雄故事，左寨七英、双雄镇关、花荣射雁、逼上梁山等巨型石雕再现了当年好汉的风姿，大型唐三彩壁画《水浒英雄聚义图》、三十六天罡星雕像、大型摩崖石刻《水泊梁山记》并称当代三大水浒艺术珍品。其中的《水泊梁山记》是著名书画大师范曾于2002年专门为水泊梁山风景区撰写。从而形成了南有《岳阳楼记》、北有《水泊梁山记》的文化格局。

水浒文化以顽强的生命力和恢宏的气势丰富了中华民族的文化，不仅体现了中华民族文化和精神的基本内容，而且更具有自己的特征：正义诚信，豪迈直爽，乐善好施的忠义精神；不畏权势，爱憎分明，奋起抗争的造反精神；勇敢向上，一往无前，不怕艰险的进取精神；胆肝相照，荣辱与共，协作配合的团队精神。800年的沧桑变换，水浒文化源远流长，内涵丰富，是山东省独有的地方文化，其"热情好客、诚实守信、忠义豪放"的精神也是山东人的人文内涵之一，在人类历史的进程中闪耀着不尽的光辉。

知识链接

济宁水泊梁山因《水浒传》而闻名天下，一首《好汉歌》更是唱出了水浒英雄忠肝义胆的豪迈气概。

毛泽东爱读《水浒传》，善解《水浒传》，这部描写古代江湖好汉造反起义的传奇小说几乎伴随了毛泽东的一生。毛泽东的全部革命生涯受到了《水浒传》的很大影响，在他的精神锻造、意志磨砺和性格选择中产生了深深的共鸣。1919 年，在北京大学图书馆做管理员的毛泽东，"五四运动"的游行队伍中没有出现他的身影，26 岁的他独自离开北京，去了一个谁也想不到的地方。中央文献研究室审定的《毛泽东传》中有这样一段记载：1919 年春天，"他去山东拜谒了孔墓"，"他攀登了东岳泰山，游览了孟子的出生地"，"然后他又到了梁山"。《毛泽东传》给出了答案：因为"这是《水浒传》中英雄聚义的地方。"

二、济宁在革命、建设和改革开放中创造的灿烂辉煌的红色文化

欲知大道，必先知史。习近平总书记在庆祝中国共产党成立 95 周年大会上指出："一切向前走，都不能忘记走过的路；走得再远、走到再光辉的未来，也不能忘记走过的过去，不能忘记为什么出发。"峥嵘岁月虽已远去，革命精神永垂不朽。正如习总书记所说："多重温我们党领导人民进行革命的伟大历史，心中就会增添很多正能量。"

济宁有着悠久的传统文化历史，更是一片英雄的土地，有着党领导下的光荣革命斗争历史。在漫长而残酷的革命斗争中，中国共产党领导济宁人民浴血奋战，前赴后继，谱写了一曲曲可歌可泣、激越豪迈的动人乐章，涌现出了大批爱国志士，留下了彪炳史册的光荣事迹，他们的热血浸润着济宁这片厚重的沃土，他们的情魂牵系着后人无限的思绪和向往。

济宁是全省乃至全国较早建立中共组织的地区之一。早在 1924 年 5 月，济宁城区就有了共产党的活动。1925 年 3 月，中共山东地执委成立。1926 年夏，济宁市县辖区内第一个中共组织——中共曲阜二师支部成立，成为中国共产党在鲁南、鲁中、鲁西地区开展革命活动的中心，拉开了中国共产党有组织领导济宁人民进行民主革命斗争的序幕。1927 年春，兖州也建立了中共山东区委直属支部。从此，伴随着革命斗争的跌宕起伏，一幕幕波澜壮阔、如火如荼的历史壮举在济宁这片广袤的大地上演。

济宁同时也是一座以红色革命文化著称的城市。在济宁的革命历史中，无数革命先烈为了争取人民解放和民族振兴，前赴后继，英勇献身，涌现出大批可歌可泣的英雄人物，以鲜血和生命谱写了一曲曲可歌可泣的英雄赞歌，形成了具有深厚革命历史文化积淀的济宁红色文化，为我们留下了宝贵的精神财富，红色文化成为济宁市优秀传统文化和先进革命文化的重要组成部分。

坐落在济宁市微山县微山岛镇的微山湖风景区铁道游击队纪念园，是为了缅怀革命先烈而兴建。微山湖区有着光荣的革命历史和革命传统，曾是闻名遐迩的铁道

游击队、微湖大队、运河支队等革命武装活动的地方。抗战时期，他们坚持长期的游击战，断铁路、炸桥梁、割电线、端炮楼，同凶恶的敌人展开了殊死的斗争，开辟并保卫了微山湖抗日根据地。解放战争时期，湖区党组织发动贫苦农、湖、渔民积极参军参战，踊跃支援前线。

1939年的邹城小山战斗，毙伤日伪军200余人，牺牲83名烈士，促燃了邹东地区的抗日烽火。位于梁山脚下的"忠义之乡"拳铺村，在红旗飘飘、军号嘹亮的年代，曾发生过许多抗日反顽斗争故事，如被八路军总部和国民政府嘉誉为"模范歼灭战"的独山战斗。在抗日战争、解放战争、抗美援朝等重大战事中，拳铺村数十名青年加入八路军、解放军和志愿军，报国杀敌，血染疆场。

在和平年代的今天，红色文化精神的指引必将鼓舞着我们不畏艰难、不怕牺牲、勇往直前，创造出新时代的辉煌成就！

2013年11月26日，习近平总书记在孔子故里——山东曲阜考察时强调：一个国家、一个民族的强盛，总是以文化兴盛为支撑的，中华民族伟大复兴需要以中华文化发展繁荣为条件。在孔子研究院同有关专家学者代表座谈后，习近平总书记表示："中华民族有着源远流长的传统文化，也一定能创造中华文化新的辉煌"。

为贯彻落实习近平总书记指示精神，济宁近年来着力做好弘扬优秀传统文化、坚定文化自信的文章，全力推进"文化强市、首善之区"建设，加快曲阜文化建设示范区、干部政德教育基地、孔子学院总部体验基地、儒学人才高地建设，在儒家文化研究阐发、传承普及、道德文明建设、文化交流互鉴、文化经济融合发展等方面取得突出成效，曲阜优秀传统文化传承发展示范区成功进入国家"十三五"发展规划纲要。

同时，济宁市深入挖掘红色文化资源，建立形式多样的红色教育基地，把传承优秀传统文化与红色基因紧密结合起来，不断把传承红色基因教育活动引向深入；创新载体丰富内容，发挥好学校教育主阵地作用，做好社会教育这篇大文章，发挥好家庭教育重要作用，组织开展一系列针对性强、丰富多彩、喜闻乐见的主题教育活动。同时大力培育先进典型，打造彰显济宁文化特色、具有影响力和感染力的工作品牌。

三、开展红色文化教育，落实立德树人根本任务

习近平总书记指出："要坚持把立德树人作为中心环节，把思想政治工作贯穿教育教学全过程，实现全程育人、全方位育人。"并反复强调办好思想政治理论课，最根本的是要全面贯彻党的教育方针，解决好培养什么人、怎样培养人、为谁培养人这个根本问题。红色革命文化传承升华了优秀传统文化，并积淀了社会主义先进

文化的底蕴，它凝结着无数革命先烈对民族复兴的奋斗历史，是新时代学校立德树人宝贵的思想资源，是引导青少年健康成长的精神营养。传承革命精神，弘扬红色文化，增强文化自信，为实现伟大复兴的"中国梦"和"两个一百年"奋斗目标，提供源源不竭的精神动力和力量源泉，具有重大的历史意义和现实意义。红色文化教育作为思想政治教育的重要内容，也要贯穿教育教学全过程。

站在新时代的历史起点上展望未来，落实立德树人根本任务，要把红色文化教育作为大学生思想政治教育的重要内容，把红色文化教育融入立德树人这一根本任务，努力探索红色文化进教材、进课堂的方式方法，让红色成为立德树人的鲜亮底色。

（一）开展红色文化教育的重大意义

1. 红色文化教育有助于大学生深入了解中国社会和中国革命的历史

大学生发扬革命道德、传承红色基因，就要深入了解中国社会和中国革命的历史，了解中国共产党人带领广大人民群众进行革命斗争的艰苦实践，深刻认识革命胜利从来不是天上掉下来的，不是别人拱手相让的，而是用流血牺牲换来的。我们的红色政权来之不易，新中国来之不易，中国特色社会主义来之不易，要沿着革命前辈的足迹继续前行，把红色江山世世代代传下去。

一个时期以来，历史虚无主义甚尘嚣上。历史虚无主义本身是对历史歪曲的、片面的解读，历史虚无主义者恶意篡改历史、污蔑革命先烈和历史英雄人物，损毁他们的形象和名誉，严重伤害中国人民崇尚英烈的感情，带来极坏的社会影响和政治影响，其背后起支配作用的是价值虚无主义，对青少年学生有较大诱惑性和破坏性。

我们要铭记光辉历史、传承红色基因，在新的起点上把革命先辈开创的伟大事业不断推向前进。要在党史学习教育中做到学史明理，明理是增信、崇德、力行的前提。要从党的辉煌成就、艰辛历程、历史经验、优良传统中深刻领悟中国共产党为什么能、马克思主义为什么行、中国特色社会主义为什么好等道理，弄清楚其中的历史逻辑、理论逻辑、实践逻辑。要深刻领悟坚持中国共产党领导的历史必然性，坚定对党的领导的自信，自觉同各种歪曲历史、诋毁英雄的历史虚无主义思潮作斗争，努力在坚持和发展中国特色社会主义伟大进程中创造无愧于时代、无愧于人民、无愧于先辈的业绩。

2. 红色文化教育有助于大学生自觉继承优良革命传统

2008年10月，习近平同志在江西考察时强调："无数革命先烈用鲜血和生命换来的江山，为我们创造美好生活奠定了坚实基础，他们留下的优良传统是永远激励我们前进的宝贵财富，任何时候都不能丢。"革命传统特别是革命道德传统，是克服前进道路上一切困难的重要精神支柱，是战胜千难万险的重要力量源泉。无论现在和将来，都要从革命的历史中汲取智慧和力量，把理想信念的火种、红色传统的基因一代代传下去，让革命事业薪火相传、血脉永续。站在新的历史起点上，革命前辈们在艰苦卓绝的革命斗争中培育起来的革命精神和优良传统，永远是我们在前进道路上战胜各种困难和风险的重要精神支柱，是不断夺取新胜利的重要力量源泉。

习近平总书记指出：革命传统教育要从娃娃抓起，既注重知识灌输，又加强情感培育，使红色基因渗进血液、浸入心扉，引导广大青少年树立正确的世界观、人生观、价值观。红色文化教育能够引导大学生牢固树立并自觉坚持革命道德观，正确对待个人利益、社会利益、国家利益，视国家和民族的利益为最大价值而为之不懈努力、奋斗终生；帮助大学生在深刻把握历史、认识社会、审视人生的基础上，在中国特色社会主义建设事业的艰难困苦中经受住严峻考验，在身处顺境时保持清醒的头脑，身处逆境时仍然坚忍不拔，积极投入到决胜全面建成小康社会、夺取新时代中国特色社会主义伟大胜利的新征程。

3. 红色文化教育有助于大学生增强文化自信

红色文化具有鲜明的政治立场、崇高的精神追求、广泛的群众基础和深厚的中华文化根基，能够为中华民族伟大复兴事业提供强大精神动力。

青少年学生处于人生的"拔节孕穗期"，最需要有充足的精神营养来精心引导与栽培。习近平总书记强调："中国革命历史是最好的营养剂。多重温我们党领导人民进行革命的伟大历史，心中就会增添很多正能量。"

红色文化承载了党和人民对国家独立、民族解放、人民幸福的时代诉求和革命行动，传承和升华了中华优秀传统文化，积淀了社会主义先进文化的底蕴，蕴含着丰富的革命精神和厚重的文化内涵，是中华民族宝贵的历史遗产和精神财富，是文化自信的重要源头。大学生在接受红色教育中要增强文化自信，自觉守初心、担使命，把革命先烈为之奋斗、为之牺牲的伟大事业奋力推向前进。

（二）开展红色文化教育的主要路径

红色文化在革命年代是党团结人民、鼓舞信心和战胜敌人的重要文化力量，凝聚了一个时代的文化精华；在新时代则是培养担当民族复兴大任的时代新人，培养社会主义合格建设者和可靠接班人的重要文化资源，包括物质形态和非物质形态两种红色文化资源形式。要把红色资源利用好、把红色传统发扬好、把红色基因传承好。

1. 讲好革命故事，坚定理想信念

习近平总书记指出："革命、建设、改革各个历史时期，有无数共产党员为了党和人民事业英勇牺牲了，支撑他们的就是'革命理想高于天'的精神力量。"一寸山河一寸血，一抔热土一抔魂。从某种意义上说，中国近代以来的革命历史，正是由一个个鲜活精彩的革命故事串联起来的。我们要通过红色故事回顾革命、建设和改革的历史，牢记红色政权是从哪里来的，深刻领悟近代中国历史发展的脉络。

今天，像战争年代那种血与火的生死考验少了，但具有新的历史特点的伟大斗争仍然在继续，我们正面临着一系列重大挑战、重大风险、重大阻力、重大矛盾的艰巨考验。在新长征路上，我们要夺取中国特色社会主义新胜利，依然要靠全党全国人民坚定的理想信念和坚强的革命意志。没有坚定的理想信念，就会在乱云飞渡的复杂环境中迷失方向、在泰山压顶的巨大压力下退缩逃避、在糖衣炮弹的轮番轰炸下缴械投降。

济宁是一片孕育英雄、培育英雄的土地。以济宁为缩影，全面系统地梳理近代历史上英雄人物、仁人志士为崇高的革命理想信念抛头颅、洒热血的鲜活事例，可以帮助大学生借此勾画出中国特色社会主义伟大事业的历史由来和动力源泉。

大学生要沿着革命前辈的足迹继续前行，从红色基因中汲取强大的信仰力量，增强"四个意识"，坚定"四个自信"，做到"两个维护"，自觉做共产主义远大理想和中国特色社会主义共同理想的坚定信仰者和忠实实践者，真正成为百折不挠、终生不悔的马克思主义战士，矢志不渝为实现中华民族伟大复兴而奋斗。

2. 用好红色场馆资源，传承红色基因

2011年3月，时任中共中央政治局常委、中央书记处书记、国家副主席的习近平同志在韶山调研时强调，"革命传统资源是我们党的宝贵精神财富，每一个红色旅游景点都是一个常学常新的生动课堂，蕴含着丰富的政治智慧和道德滋养。要把这些革命传统资源作为开展爱国主义和党性教育的生动教材"。党的十八大以来，习近平总书记在地方考察调研时多次到访革命纪念地，瞻仰革命历史纪念场所，反复强调要用好红色资源，传承好红色基因，把红色江山世世代代传下去。"告诫全党不能忘记红色政权是怎么来的、新中国是怎么来的、今天的幸福生活是怎么来的，就是要宣示中国共产党将始终高举红色的旗帜，坚定走中国特色社会主义道路，把先辈们开创的事业不断推向前进。"

习近平总书记强调，革命博物馆、纪念馆、党史馆、烈士陵园等是党和国家红色基因库。要讲好党的故事、革命的故事、根据地的故事、英雄和烈士的故事，加强革命传统教育、爱国主义教育、青少年思想道德教育，把红色基因传承好，确保红色江山永不变色。位于济宁的羊山战役纪念馆、铁道游击队纪念馆等一个个革命遗址，印刻着无数革命英雄先烈与仁人志士在革命战争年代冲锋陷阵、挥洒热血而留下的深深足迹，无声地诉说着一段段可歌可泣的感人故事，仿佛把我们带回到那个战火纷飞的艰苦岁月。

难忘的岁月

立足济宁的红色革命遗址和纪念场馆,开展红色景点游等实践活动,让大学生的思想和心灵接受革命精神和优良传统的洗礼,在穿越历史时空中产生思想和情感的共鸣,在大学生心中播撒下红色基因的种子,擦亮立德树人的鲜亮底色。

课后实践

请同学们欣赏歌曲《济宁之歌》,感受济宁人心目中的家乡之美。

济宁之歌

运河在我心中流淌,济宁我可爱的家乡。

孔孟颜曾彰显民族之魂,李白杜甫写就旷世绝唱。

梁山聚忠义,四湖意蕴长。泗水泉林美,峄山奇石壮。

啊,运河之都,孔孟之乡。东方圣城,礼仪之邦。

啊,运河之都,孔孟之乡。东方圣城,礼仪之邦。

运河在我心中流淌,济宁我美丽的家乡。

神奇的土地,编织成锦绣画卷。

英雄儿女铸造着世纪畅想。

水美人更美,风清胆气壮。

齐心唱和谐,合力颂华章。

啊,运河之都,孔孟之乡。东方圣城,礼仪之邦。

啊,运河之都,孔孟之乡。东方圣城,礼仪之邦。

礼仪之邦。

第一章

红色文化著历史
——济宁革命、建设和改革开放大事件

难忘的岁月

图说

济宁历史就是一部红色文化发展史。从1840年开始，济宁人民和全国人民一起，不仅进行了反对内外敌人的斗争，而且努力建设新中国，大力推进改革开放。我们党带领济宁人民绘就了革命、建设、改革开放发展史上波澜壮阔、气势恢宏的历史画卷。

知识目标：了解济宁地区革命、建设、改革时期发生的重大事件，知道这些事件对于济宁发展的意义。

能力目标：通过学习本章，可以向身边人讲述和传承这些红色印记，不忘历史，牢记使命，传承济宁红色基因。

素质目标：通过对济宁历史的学习，深感今天幸福生活来之不易，更加自觉拥护党的领导，热爱自己的祖国。

思政目标：能够自觉树立崇高的理想，让信仰之火熊熊不息，让红色基因融入血脉，让红色精神激发力量，走好新时代的长征路。

第一节　激情燃烧的岁月，新中国成立前济宁人民英勇奋斗

一、济宁地方党组织的建立与早期革命斗争

1. 五四运动的济宁故事

济宁人民富有光荣的革命传统，进入阶级社会以来，济宁地区历代被压迫被奴役的人们便以各种方式不断对统治阶级进行反抗。鸦片战争以来，随着中国社会半

殖民地半封建程度的加深，济宁人民遭受的压迫和剥削愈加严重，人民群众的反抗斗争也逐步有了新的发展，但最终都失败了。辛亥革命前后，随着经济基础、文化教育和社会结构的深刻变动，济宁地区工人阶级的力量逐步发展壮大起来，新的知识分子群也渐趋形成，思想解放的潮流开始激荡。

"十月革命"一声炮响，给中国送来了马克思列宁主义。长期在黑暗中挣扎的济宁人民开始见到曙光。山东省立第二师范学校（曲阜二师）、山东省立第七中学（济宁七中）等校的进步师生首先受到马克思列宁主义的影响。不久，五四运动的火炬又点燃了中国人民反帝反封建的怒火。曲阜、济宁、兖州等地的进步师生奋起响应，纷纷罢课，游行示威，投入到反帝反封建的火热斗争中，很快掀起了群众运动的浪潮。

1919年5月11日，济宁各校学生在济宁七中召开会议，决定采取行动，声援北京的学生爱国运动。12日，各校选派代表再次齐集七中，成立了"济宁学生联合会"。学生联合会同时开展了三项活动：一是印发各种白话传单，揭露日本侵占中国的野心；二是组织宣讲团，宣讲巴黎和会中国外交失败的原因，号召人民群众起来反对外来侵略和北京政府的卖国行径；三是提倡国货，抵制日货。15日，学生联合会公推代表10人，组织各校学生一起罢课，走出校门举行游行示威，开展爱国宣传等活动。各校学生以班级为单位，分散到家庭所在街道组成若干个"救国十人团"，有分有合，上街头，下农村，发表演讲，散发传单，揭露巴黎和会真相，反对卖国"二十一条"。同时，会同商界，发动各阶层人士大张旗鼓地开展提倡国货、抵制日货运动，济宁成为山东抵制日货斗争的重要地区之一。济宁各界爱国人士还举行了3000人的大集会，声援北京的爱国运动，并选派代表赴京请愿。6月初，京津一带济宁籍学生返回家乡，与济宁七中部分学生取得联系，发动各校学生再次集体游行，以各种方式进行宣传，从而将运动推向深入，并一直延续到9月初，前后长达4个月之久。

北京学生游行示威的消息传来后，曲阜二师的广大师生砸了"考棚"，宣布将"考棚街"改名为"新文化街"，并举行罢课，上街游行示威。同时，学生们还分成小组，下乡宣传，动员民众抵制日货；派出代表北上，联络济南学界，共同赴京请愿，与济南等地的爱国斗争遥相呼应。二师进步师生成为曲阜至鲁南一带反帝反封建斗争的一支先锋力量。

5月25日，兖州爱国联合会成立。联合会组织各校学生上街游行，一路吸引各界群众千余人加入游行行列。各校还组织演讲团，在城乡巡行演讲，以唤起民众，参加斗争。

五四运动促使中国有识之士迅速觉醒，一个介绍和宣传十月革命和社会主义的热潮在全国掀起，先进的知识分子开始以苏俄为榜样，思索探求改造中国社会的道路和方法，并逐步认识到需要建立一个以马克思主义为指导的工人阶级政党来领导革命，开始进行建党的酝酿和准备工作。济宁地区的进步师生和工农群众、各阶层爱国人士，在五四运动的大潮中经受住了前所未有的锻炼，也受到了前所未有的深刻教育和启迪。五四运动在济宁地区的深远影响及此后科学社会主义学说在济宁的逐步传播，为济宁中共组织的创建奠定了思想基础，并准备了干部条件。

2. 济宁地方党组织的诞生

济宁地区是全省乃至全国较早建立中共组织的地区之一。1921年7月，中国共产党第一次全国代表大会在上海召开，正式宣告了中国共产党的成立。从此，在中国大地上出现了完全新式的、以马克思列宁主义为行动指南的、统一的和唯一的无产阶级政党。

从1923年起，中共济南地执委、山东地执委、山东区执委和山东省委，先后派遣共产党员分赴各地，开展群众运动，发展共产党员，筹建地方党组织，党的影响和活动逐步在全省各地扩展开来。这样，在第一次大革命的准备阶段和大革命的高潮中，济宁及其周围地区开始有了共产党的活动，共产党的组织在个别地方逐步创建起来。

1924年1月，第一次国共合作正式形成，掀起了轰轰烈烈的大革命高潮。这年5月，中共济南地方委员会派候补委员郭同志（具体名字不详）来济宁，在济宁七中及中西中学开展平民教育活动，并组织平民学会济宁分会，发展会员20余人。

1925年1月，中国共产党第四次全国代表大会举行，第一次明确提出了青年学生应与工农群众相结合的方针，此后，革命形势在全国迅速发展。同年，共产党员杨荫鸿、张观成、辛成智在曲阜二师分别组织进步青年学生开展党的活动。

1925年5月30日，上海学生及各界群众举行反帝示威游行，遭到了美帝国主义血腥镇压，造成了震惊世界的"五卅"惨案。在共产党领导下，全国掀起了一场约1000万群众参加的反对帝国主义的爱国运动，从而揭开了中国大革命风暴的序幕，全国范围的大革命随之蓬勃开展起来。

为了总结党的四大以来特别是"五卅"运动以来的革命斗争经验，进一步壮大党组织和发展工农革命运动，同年10月，中共中央执行委员会在北京召开第二次扩大会议，指令各地方加强对支部的指导和建设，在这一精神指导下，党的组织在大革命的高潮中有了很大的发展。

正是在这样的形势下，1926年春，中共山东地方执行委员会派马守愚到曲阜二师发展党的组织。共产党员王伯阳也来曲阜，在孔庙内宣传共产主义，号召进步学生，参加共产党。同年夏，中共山东省立第二师范学校支部（即中共曲阜二师支部）诞生，马守愚为支部书记。这是现济宁市辖区内建立的第一个中共组织，成为共产党在曲阜早期活动的中心，党员先后发展到 20 多人。与此同时，中国共产主义青年团曲阜二师支部亦宣告成立。

1927 年春，兖州建立了中共山东区委直属支部。这一年的 3 月，中共山东区执行委员会派共产党员王元胜（化名张继宽）到济宁七中进行建党工作。他组织建立了"读书研究会"，引导大家阅读进步书刊，宣传马列主义，为济宁七中建立中共组织打下了一定的思想基础。这一时期，在济南先后加入中国共产党的金乡籍青年马希文、翟子超、杨一辰，都曾回家乡从事过革命活动。到 1927 年上半年，全区已有中共党员近 40 名。

3. 共产党影响和领导下的济宁地区学生运动及工农革命斗争

1928 年 11 月底至 12 月初，中共山东省委召开扩大会议传达贯彻中共六大精神，全面总结过去山东党组织各方面工作，并确定了山东党组织的主要任务，即争取群众，团结群众，组织群众，提高群众的阶级觉悟和政治意识，扩大一切日常大小的斗争，争取工人阶级的利益，把工农运动复兴的势头发展下去。在这一精神指导下，曲阜、济宁等地的学生运动和工农革命斗争此起彼伏，抗日救亡运动不断高涨。

(1) "《子见南子》案"

为了打击孔府封建势力，将反封建的斗争引向深入，曲阜二师进步师生由学生会出面组织，于 1929 年 6 月 8 日，演出独幕话剧《子见南子》，深刻揭露、批判封建旧礼教，给孔府封建势力以沉重打击。《子见南子》的演出，深深激怒了孔府的"圣裔"们。于是，孔府跟前来"朝圣"的日本前首相犬养毅和国民党西山会议派骨干分子张继相勾结，共同策划镇压曲阜二师进步师生。

孔府以"侮辱宗祖孔子""反对日宾"等罪名向南京国民政府教育部、内政部控告二师校长宋还吾，后又将诉状通过孔祥熙转呈蒋介石。蒋介石立命教育部"严办"。二师进步师生与之进行了针锋相对的斗争。二师进步师生的正义斗争在国内外引起巨大反响，各界进步人士、团体、报刊以及海外华侨纷纷发贺电、慰问电或撰写文章，予以声援，同时抨击反动政府和孔府封建势力。但终因国民党反动当局的镇压，许多进步教师被迫离校，参加演出"子剧"的积极分子倍受打击、迫害，曲阜二师的进步力量遭到严重摧残。

曲阜二师进步师生的这场斗争虽然失败了，但它在一定革命进程中所起的作用是不能低估的。它有力地揭露和打击了反动势力，鼓舞和教育了人民群众，对山东乃至全国的反帝反封建斗争起了重要的推动作用。

(2) 曲阜二师等校学生的抗日救亡斗争

1931 年"九一八"事变爆发后，全国人民的抗日怒潮不断高涨，曲阜二师师生在党组织领导下也掀起了抗日救亡运动高潮。

12月初，北平、天津、上海等地学生赴南京向国民党政府请愿，要求抗日。中共山东省委指示青岛、济南、曲阜、济宁等地党组织，分别组织学生赴南京请愿。16日晚，曲阜二师、曲阜明德中学、济宁七中、滋阳乡师、济宁第三职业学校、泰安三中和泰安县师范等七校2000多名学生汇集到兖州车站，组成南下抗日请愿团。学生代表与站方交涉索车，遭到拒绝，学生被迫卧轨截车。17日，山东省政府主席韩复榘派武装部队铁甲车前来弹压，在当地群众的支援下，同学们坚持斗争，致使津浦铁路中断交通4天，轰动了全国。19日，北平和济南赴南京请愿的学生回到了兖州，控诉了蒋介石血腥镇压请愿学生的罪行。据此情况，各校共同研究决定，改变斗争方式，深入农村宣传抗日，不再南下请愿。

兖州卧轨截车斗争虽未达到南下的预期目的，但是宣讲了中国共产党的抗日反蒋方针，震惊和打击了国民党反动派，揭露了其投降卖国的反动本质，同时生动地教育了广大师生和人民群众。鲁南七校学生们的爱国举动与青岛、济南等地的学生斗争一起，成为山东革命史上的一个重要事件，为山东学生运动的历史增添了光辉的一页。

(3) 济宁地区的农民运动

这一时期，济宁地区的农民运动开展得如火如荼，轰轰烈烈。1928年冬，邹县农民协会筹备委员会成立后，10个区亦先后成立了区农协会。农协提出"打倒土豪劣绅，建立民主政权"等口号。不堪封建统治阶级剥削压迫和兵灾匪祸蹂躏的农民群众，迅速聚集在农协的旗帜之下，形成了一支强大的革命队伍，他们采取大会诉苦、说理斗争、游行示威、联名告状等形式开展了有理有利的斗争，控诉批判豪绅地主欺压百姓，诬陷良民，敲诈勒索，鱼肉乡里，侵吞公款，随意毒打群众等罪恶，狠狠地打击了封建势力。很多群众得到了阶级斗争的锻炼，为以后的革命活动打下了基础。

为了更加有力地开展对剥削阶级的斗争，1932年夏，中共赵庙支部总结群众斗争经验，在赵庙创立了"评公会"组织。所谓"评公"，就是评议是否公平合理，或者通过评议达到公平合理，深受广大群众的欢迎。"评公会"组织不断发展壮大。

共产党组织领导下的"评公会"，迫使地主不得不在某些方面作出让步，大大限制了地主阶级对农民的残酷剥削，同时使广大贫苦农民的政治地位得到一定的提高。特别是广大群众认识到：穷人只有组织起来、团结起来才有力量，才能胜利地同地主阶级做斗争，逐步提高了革命觉悟。

(4) 济宁地区的工人运动

1928年9月，玉堂酱园的工人以不堪忍受资本家及工头的凌辱为起因，发起了全酱园工人参加的罢工斗争。尔后，又变成了以要求改善生活条件为目的的斗争。资本家请出高级职员出面调停，被迫答复了工人提出的某些条件。

1930年春，为反对国民党沛县七区（夏镇区）区长徇私舞弊、任意增加税收、加重渔民负担，微山湖13个渡口的摆渡工人，经沛县共产党组织发动，开展了罢渡斗争。他们散发《告沛县民众书》，揭露国民党当局的黑暗，号召摆渡工人斗争到底。

总之，土地革命战争时期，在白色恐怖笼罩下，济宁地区党组织在困难和挫折中积累了斗争经验，在广大城镇和农村播下了革命的火种，培养了一批领导骨干，逐步唤起了民众，积蓄了革命力量，为抗日战争爆发后党组织的恢复与发展、抗日武装斗争的开展和抗日根据地的开创打下了一定的基础。

二、点燃抗日战争的烽火

1. 抗战初期，济宁人民抗日武装的建立

1937年7月7日，日本帝国主义发动了卢沟桥事变，全面抗战爆发。在日军大举侵犯山东各地、国民党军纷纷溃逃之际，中共山东地方组织毅然担负起领导山东人民抗战的重任。1937年10月，中共山东省委根据中共中央和北方局的指示，研究制定了发动抗日武装起义和组织抗日武装的十条纲领，要求共产党员"脱下长衫，到游击队去"，分区发动抗日武装起义，开辟敌后战场，号召全省人民"有人出人，有钱出钱，有力出力，有枪出枪"，团结一致，共同抗日。

1937年10月，共产党员彭建华、冯起在济南获释出狱后，根据山东省委指示，建立了中共鲁南特支，并受中共山东省委派遣，于10月下旬到邹县开展党的工作。同年11月，在鲁南特支的基础上，重新建立了中共邹县县委，彭建华任书记。中共邹县县委恢复建立后，面对日本侵略军疯狂进攻的严峻形势，立即着手组织抗日游击队，一边筹集武器，一边发展游击队员，努力扩大抗日统一战线。11月底游击队员发展到300余人，并组织起近百个抗日自卫团，抗日武装的声势越来越大。12月，在省委特派员张若林的帮助下，县委在邹西南亢村组织发动了抗日武装起义，建立了"鲁南人民抗日游击总队"。游击总队和自卫团先后在邹县城南两下店、界河等地配合川军邓锡侯部打击日军，鼓舞了广大群众的抗日救亡士气，扩大了鲁南人民抗日游击总队的政治影响。

1938年1月，徂徕山抗日武装起义爆发后，中共山东省委即派孙汉卿到泗水组织武装起义。孙汉卿与管戈、周蓝田先后在丑村、侯家庄、亮庄、贺家塘、南北顶等村庄，联络培养抗日骨干，并把一大批贫雇农、青年学生、小学教师组织发动起来，成立抗日救国会等组织，并发展了近200人的泗北抗日自卫团，于二三月间，先后率领抗日武装赴新泰县刘杜镇，与徂徕山抗日起义队伍会合，编入八路军山东人民抗日游击队第四支队第五中队。此后，这支由农民、青年知识分子组成的抗日队伍，在共产党领导下经过多次战斗和艰苦环境的考验，成为了一个比较坚强而富有战斗力的连队，为以后开辟和创建鲁中、鲁南抗日根据地作出了应有的贡献。

2. 反扫荡代表战：梁山歼灭战

1937年，聂荣臻前往五台山、林彪前往吕梁山分别开辟抗日革命根据地。1939年3月，八路军一一五师部在代师长陈光、政委罗荣桓的率领下，逾越平汉铁路，横渡黄河，转战到鲁西地区，开辟创建鲁西抗日根据地。1939年8月2日，发生在水浒英雄故地的梁山歼灭战，是我八路军一一五师东进支队在抗日战争初期创造的兵力与敌相等而武器装备处于劣势的情况下，全歼日军一个大队的模范战例。

1939年5月，八路军第一一五师在陆房突击战后，师部率主力一部转向东平、汶上一带活动。1939年8月1日，第一一五师师部及其直属部队，在梁山县独山村东面的孟家林召开庆祝"八一"建军节大会。8时许，得悉日军第三十二师团以步兵、炮兵及伪军各一部，共400余人，由长田敏江少佐率领，从汶上县城出动，向梁山地区进犯，对鲁西进行"扫荡"。陈光、罗荣桓经过周密分析，决定歼灭该敌。遂即将庆祝会改为战斗动员会，并部署部队作好战斗准备。

8月2日上午，日军到达梁山南麓前集庄附近，我军派出担负监视、袭扰任务的小分队实施袭击后，迅速撤出战斗。开始时敌人一阵惊慌，继之见我方火力不强，认为是几个"土八路"，便恢复了阵容，无目标地打了几炮后，继续西进。9时许，进抵梁山附近的马振杨村。

时值大暑季节，天气炎热。骄横麻痹之敌窜进马振杨村后，有的到群众家里抢鸡抓鸭，有的脱掉衣服在树荫下休息，有的跳进村头池塘里洗澡。一切迹象表明，敌人对我军毫无察觉，毫无戒备。

在此有利时机，我师部特务营二、四连和骑兵连，乘敌不备，冲过去，对敌人进行第二次突然袭击。一阵枪响，三四十个敌人当场毙命。未等敌人弄明白是怎么回事，我军又按部署迅速隐去。敌人追至梁山后，未见我踪影，随即命令其炮兵向独山轰击。轰了半个多小时，未见还击，敌人便派出骑兵和伪军在附近进行搜索，结果一无所见。继之，日军便进入独山村。

日落后，我独立旅一团和师部特务营，迅速在梁山西南的胡坑村集结，进行战斗动员，部署了歼灭敌人的战斗任务。

晚8时许，攻击开始。我骑兵连首先从西北角冲进村子，十连从西南进击，运用声东击西的战术，抢占了乱石岗，迫使伪军大部投降。此时，其他连队也迅猛冲向敌人，枪弹、手榴弹的爆炸声响成一片。敌人被这突如其来的火力搞得晕头转向，有的趴在地上，有的惊慌逃窜，有的哇哇乱叫来回奔跑，乱作一团。当敌人惊魂稍定后，便组织兵力进行反扑。他们凭着精良武器和炮火掩护，分若干梯队，从乱石岗北坡一次又一次发动进攻，都被我坚守阵地的十连战士奋力打了下去。正当敌人继续组织反扑时，从后门王（今属梁山县黑虎庙乡）一带急行军赶来参战的我十一连冲入敌阵，同十连战士前后夹击，又一次粉碎了敌人的反扑。十连乘胜前进，迅速抢占和控制了独山制高点，切断了敌人向梁山逃窜的退路，三营主力攻下了石灰窑，占据了有利地形。十二连也向独山东侧的土墙院发起猛攻，形成了对敌之钳形夹击。敌人见势不妙，便龟缩到院内，为了摆脱困境，又在轻重机枪掩护下，与我军争夺石灰窑。我军指战员机智勇敢，沉着应战，寸土不让。敌人无法取胜，只好抛下一具具尸体，掉头去抢占石灰窑东北方的寨围子，企图突围逃跑。我军发现敌人的企图后，迅速占领了寨围子，堵住了敌之逃路。在密集火力的封锁下，敌人不得不再次退回到院内。

日军指挥官长田敏江在绝望中哇哇乱叫，他挥舞着战刀，亲率残部，垂死挣扎。我指战员端起刺刀，扑向敌群，将敌人分割包围，展开了白刃格斗。院墙内外，村头树下，刀光剑影，几经搏斗，敌人死伤惨重，锐气顿挫，退守院内，企图固守待援。

午夜后，我军向日伪军发起攻击，用机枪和手榴弹向固守在大车店院内的残敌猛攻。不少同志用日语高喊："缴枪不杀！""八路军优待俘虏！"当时即有3个敌兵缴械投降。长田敏江挥舞指挥刀，逼着敌兵再次拼杀。在我军密集的火力下，敌人扔下一片尸体，长田敏江也负了重伤，被迫逃回房内。

次日拂晓，我军集中10余挺轻重机枪和掷弹筒于独山下，组成密集的火力网，居高临下，向龟缩在大车店院内的残敌猛烈射击。班长曹大顺带领5个战士，从敌人背后猛扑过去，把敌炮手的脖子卡住。伤员李占山用头把一敌兵撞倒在地，另一战士乘机将刺刀插进敌兵的心脏。三营长刘阳初抓住战机，亲率一个突击队，冲到大院墙下，攀梯登上屋顶，用刺刀将屋顶挑开个窟窿，向房内扔进几颗手榴弹。战士李杰从窗口一连掷进4

梁山抗日歼灭战遗址

难忘的岁月

颗手榴弹。随着爆炸声，日军的嚎叫声消失了，立即有两个汉奸跑出来高喊饶命，有两个日兵跑出来缴械投降。东方发亮时，日军剩下的20余名残兵狼狈逃窜。我骑兵连立即分头追击，逃跑的日军有的被击毙，有的被从高粱地里逮住，有的被群众抓获。

至此，战斗胜利结束。战士们在清理战场时发现有个肥头大脑的胡子军官，一把大洋刀从胸中穿过，倒在血泊中。他就是日军少佐大队长长田敏江。

梁山歼灭战共击毙日军320余人，俘获日军士兵24人，长田大队几乎全军覆没。缴获意大利制造的"八八"野战炮两门、九二式步兵炮一门、轻重机枪15挺、步枪150余支、战马50余匹……其他战利品一宗。

梁山歼灭战粉碎了日军的"扫荡"，打击了日军的嚣张气焰，鼓舞了广大人民群众的抗日热忱，为巩固鲁西抗日根据地，开展平原游击战争打开了新局面。

梁山歼灭战是继平型关大捷后，我英勇的八路军创造的兵力与日军相当，在武器装备上处于劣势的情况下，全歼日军一个大队的模范战例。这一胜利不仅给了敌人沉重一击，威震鲁西，享誉山东，而且在中国抗日战争史上写下了辉煌一页。八路军总部和国民政府均嘉誉此战为"模范歼灭战"。

三、济宁地区全境解放

抗日战争的胜利，使中国获得了一个进行和平建设的有利时机。但是国民党反动集团企图实行独裁统治，为争取中国的光明前途，中国共产党领导人民同国民党统治集团展开了复杂而激烈的斗争，中国革命由此进入了一个新的历史时期——全国解放战争时期。

这一时期，济宁周围各地特别是尼山和湖西地区，是敌我反复拉锯的战场，又是人民解放军大量运动歼敌和进行战略进攻的前沿阵地与战略决战的后方基地的一部分。人民解放军野战兵团大踏步进退，地方党政军则坚持本地区斗争并全力支援部队，为"打倒蒋介石，解放全中国"作出了重要贡献。

1948年夏，华东野战军山东兵团发起津浦路中段夏季攻势（即兖州战役），济宁地区各县（市）均于兖州解放前后相继解放，济宁大地终于回到人民手中。

1. 刘邓大军挺进大别山的揭幕战——鲁西南战役

在1947年12月的中共中央会议上，毛泽东指出："军事方面，蒋介石转入防御，我们转入进攻。以前讲反攻，不完全妥当，以后都讲进攻。"毛泽东所说的"第一次转入进攻"，指的是刘伯承、邓小平率领晋冀鲁豫野战军主力挥戈中原，把战争引向国民党统治区的战略行动。而这个伟大战略行动的"号角"，就是刘邓大军挺进大别山的揭幕战——鲁西南战役。

(1) 吹响战略进攻的号角

1946年6月下旬，蒋介石在美帝国主义的支持下，不顾全国人民的反对，悍然撕毁停战协定和政治协商协议，以围攻中原解放区为起点，向各解放区展开大规模的进攻。

蒋介石发动全面内战不到一年，其对解放区的全面攻势屡遭挫败，难以为继，于是调整战略，将"全面进攻"改为"重点进攻"，从1947年3月起，集中兵力瞄准陕北和山东两个解放区展开所谓"双矛攻势"。

鲁西南地区处于国民党军对山东和陕北实施重点进攻的连接线上，也是通向其战略纵深中原地区的前沿，战略地位极为重要。但国民党军因兵力不足，仅以整编第55、第68师担任开封至东阿间250公里的黄河防御，以整编第70师位于嘉祥地区担任机动，以阻止人民解放军南渡作战。

早在全面内战爆发前夕，毛泽东和中共中央军委即从争取有利的战略地位着眼，制定了外线作战方针。出击中原、进军大别山即是这一部署的重要内容之一。中共中央军委、毛泽东决定以刘邓大军主力向敌人脆弱的哑铃"握把"——中原地区出击，"把战争引向更远的敌后"。在1947年6月底，在作了周密的战前准备和动员之后，6月26日，刘伯承、邓小平下达了鲁西南战役作战命令，一场具有重要战略意义的大战已经箭在弦上。

1947年6月30日夜，在从阳谷县张秋镇到鄄城县临濮集150公里长的八个地段上，刘邓大军12万将士向敌"黄河防线"发起突击，发起了鲁西南战役。

自1947年6月30日至7月28日，中国人民解放军晋冀鲁豫野战军主力南渡黄河，出击外线，在山东省西南部地区对国民党军进行了进攻作战。国民党军虽然调集了18万兵力，并派飞机轮番助战，但终未能挽救其失败。

拓展阅读　王克勤：为人民流尽最后一滴血的战斗英雄

在安徽阜阳革命烈士纪念馆内，有一面名录墙，镌刻着2000多位阜阳英烈的姓名，战斗英雄王克勤的名字也在其中。

王克勤，1920年生，安徽省阜阳县人。1939年7月，被国民党军队抓壮丁。1945年10月，在邯郸战役中被解放，参加中国人民解放军。1946年9月，加入中国共产党。

参加解放军后，在党和人民军队的培养下，王克勤迅速成长为具有高度政治觉悟、英勇善战的优秀战士。从1946年6月解放战争开始，王克勤毙伤敌人232人，俘虏14人，缴获步枪8支，9次立功，被评为"一级杀敌英雄""模范共产党员"。

1946年9月，王克勤被提升为班长。他继承和发扬人民军队的光荣传统，善于

难忘的岁月

做深入细致的思想工作。班里每补充新战士，他总是现身说法，启发新战士的无产阶级觉悟。他用"在家靠父母，革命靠互助"的格言，教育大家搞好团结，并组织两个互助小组，开展思想、技术、生活三大互助活动，对提高班集体的凝聚力和战斗力起到很大作用。

1946年10月6日，在山东巨野县徐庄阻击战中，王克勤带领全班与国民党军激战一天，打退敌人数次进攻，歼灭大量敌人，全班无一伤亡，圆满完成任务。战后，全班荣立集体一等功，3人被评为战斗英雄，王克勤被任命为排长。同年12月，延安《解放日报》发表社论，称赞他"为中国人民解放事业创造了新的光荣的范例"，号召全军部队普遍开展"王克勤运动"。他的"三大互助"带兵经验迅速在全军推广，对人民军队建设具有重大意义。

1947年6月30日，晋冀鲁豫解放军主力部队12万人强渡黄河，发起鲁西南战役。7月10日19时，第6纵队打响了进攻定陶城的战斗，王克勤率全排担任定陶北门攻坚突击任务。战斗中，王克勤身负重伤，但他仍咬紧牙关坚持指挥战斗，率领战士奋勇登城。

11日凌晨，王克勤因失血过多，英勇牺牲，年仅27岁。为纪念他，他生前所在的排被命名为"王克勤排"。中共定陶县委、县政府决定将县城北门改名为"克勤门"。

王克勤英勇牺牲的消息传到野战军总部后，刘伯承司令员激动地说："蒋介石一个旅也换不来我一个王克勤！"随即他以自己和政委邓小平的名义，亲笔给王克勤所在部队发去了唁电，称赞他是"战斗与训练、技术与勇敢结合的，为我全军所学习的新的进步的范例"。

刘邓大军经28天连续作战，以1.3万人的伤亡代价，歼灭国民党军4个整编师、9个半旅，共5.6万余人。打乱了国民党军的战略部署，揭开了解放战争由战略防御转入战略进攻的序幕。刘邓大军经过短暂休整，开始了千里跃进大别山的壮举。

拓展阅读 侦察排长的"歪把子"机枪

老兵赵鸿堂今年96岁，他十四岁参军，打了十年仗，打了七年的抗日战争和三年的解放战争。右腿上的枪伤和奖章是最好的证明，用他的话讲，"先打走了日本鬼子，然后再打跑了蒋介石"，当他谈到1947年的鲁西南战争时，老人的脸上充满了悲壮与自豪。

1947年6月30日夜，在从阳谷县张秋镇到鄄城县临濮集150公里长的黄河河面上，刘邓大军12万将士从8个渡口向"黄河防线"发起突击，在强渡黄河一周前，作为晋冀鲁豫野战军第一纵队侦察排排长的赵鸿堂就带领着三十多名战友提前从阳谷县附近摸过黄河,进入了当时的郓城县附近展开侦察,并对郓城外围的守敌展开清理。

"我会用歪把子机枪,打过日本鬼子,打羊山的时候,我们排有三把机枪,我们是侦察排",说到拿歪把子机枪扫射敌人时,他眼神锐利,双手作持枪状,狠狠地盯着前方。

羊山战斗中,赵鸿堂被流弹射中右腿,采访中,赵鸿堂小心翼翼地从枕头下面拿出残疾军人证,摩挲着给大家看,"我们打赢了!"老兵说话声音虽小,但依然铿锵有力。

(2) 鲁西南最后一战:羊山集战役

羊山集是山东金乡城西北30华里处的一个大镇,居民千余户,村镇背靠羊山。羊山集东西长约3华里,因为靠山,以石砖房居多,周围环有寨墙,并有外壕一道,东南两边地势低洼。羊山因状似卧羊而得名,山上有三峰突起,东羊头中羊身西羊尾,羊身最高,可俯瞰山脚的羊山集并东西两峰。羊山战斗是鲁西南战役中最惨烈的战斗,也是千里跃进大别山前的最后一战。

1947年6月30日晚,在黄河北岸,随着一声号令,刘邓大军战船齐发,在鲁西南张科镇到临淄集300里地段上,刘伯承、邓小平指挥部队,按中共中央的战略构想和部署,精心筹划,出敌不意,势如破竹,一举突破了国民党军队自以为可抵40万大军的"黄河防线",揭开了人民解放军战略进攻的序幕。

羊山战役正值雨季

刘伯承、邓小平率晋冀鲁豫野战军突破黄河天险后,随即发起了鲁西南战役。国民党为堵截解放军前进,先后调集30万军队摆在菏泽、郓城、鄄城、定陶、巨野、羊山集一线,形成长蛇阵。刘邓大军采取集中优势兵力、各个击破的战略战术,首先歼灭了郓城和西路弱敌,开辟战场,攻取了定陶、曹县等地,接着集中重兵分割包围东路敌军,取得了独山、六营集大捷。至此,在鲁西南地区的敌军,只

难忘的岁月

剩下了龟缩于羊山集的敌第六十六师。这个师装备精良，战斗力较强，又依托山地，企图凭险死守待援。

此时正值雨季刚过，羊山集附近形成了沼泽地带。因羊山集一面靠山，三面环水，部队运动甚为困难。山上遗留有当年日伪军修筑的坚固的水泥堡垒，国民党宋瑞珂部进驻后又借地形加紧构筑各类工事，形成了坚固完备、火力密集、相互倚仗、易守难攻的山地要塞。

拓展阅读　羊山下的尸山血海

羊山战斗打了16天16夜，大雨也下了16天16夜，血水流成了河，非常惨烈。在纪念馆里有多张羊山战斗的照片，有支前民工回忆这场战斗，"战壕里积满了泥水，战士们吃喝都在泥水里，伤口泡得发白、溃烂……"

第66师在羊山集固守待援半个月，以全军覆没收场。激战半个月，又是炎夏和雨季，4000多伤员遍布羊山，1000多尸体无处安葬，尤其在村内的尸体难以安放，被迫在东大街的大街上摆死尸场，士兵们只得在尸横遍地、臭气冲天的恶劣环境中战斗、生存，恐怖之情令人难以言表。

7月28日羊山战斗结束，29日在万福河打援部队向北转移时，有意安排通过羊山大街，看看羊山战地实况。部队从南向北走，远望羊山真像一只卧着的羊，寨墙和寨门像城堡一样威严。走进南门时，就闻到臭气，在南门外的石板上躺着死马和死尸。走进南门，看到东大街上令人震惊和恐怖的几道尸墙横在大街上。绕过尸墙从院内走，因院内、房内都有交通沟相连，交通沟内泡着死尸，从交通沟通过，还能碰上枪支。沟内、院内、房内都躺着死尸，从尸体伤口上看，有枪伤、炸弹伤、更显眼的是刺刀伤，从现场看出，在东大街阵地上曾经有过多次白刃战，从尸体的惨状看出，那一片片核心阵地上已变成实实在在的尸山血河。当时没有照相条件，没有留下真实的战场记录，今天用语言文字难以形容战地惨状。

据不完全统计，整个鲁西南战役共歼敌4个整编师及9个半旅，共5.7万余人。仅羊山战斗就毙伤俘敌军官兵23452人，击落敌机2架，摧毁坦克2辆，缴获轻重武器一大批。羊山集鏖战半个月，我军也付出了伤亡过万的沉重代价，超过整个鲁西南战役我军伤亡总数的三分之二。据《中国人民解放军第十军战史》记载，羊山战斗中仅二纵就伤亡4300余人，包括五旅参谋长在内的营以上干部伤亡48人。身经百战的陈再道司令员后来曾感慨万千地说："羊山这一仗，是我们打得最苦的一仗！阵亡的战士最多！"

7月15日，刘邓第二、第三纵队发起对羊山集的进攻。但因该处守军以羊山作依托，南侧地形低洼、积水较多，虽经两天激战但进展不大。此时，蒋介石得知整编第三十二师等部连续被歼和羊山集整编第六十六师告急等情况，于19日飞抵开封坐镇指挥，从西安、洛阳、豫北、山东、汉口等地抽调七个整编师又两个旅向鲁西南驰援。20日，国民党第二兵团司令王敬久在蒋介石的严令督促下，立即派五十八师和一一九旅及国防部调来的1个炮兵营、1个战车连，由五十五师师长鲁道源指挥，在飞机、坦克掩护下由金乡北上，企图解羊山集之围。

因为久攻不下，刘伯承曾亲临前线阵地勘察地形，并调整作战方案，拿下羊山的关键就是先打下"羊腰"。刘伯承、邓小平为争取先机之利，以独立第一、第二旅进至万福河阻援，将敌一一九旅和由羊山集出来接应的1个团全歼。接着，集中第二、第三、第六纵队于27日对羊山集发起总攻，战至28日晚战斗结束。这场战斗是鲁西南战役中最惨烈的一战。

拓展阅读 "我找了你一辈子"

在鲁西南战役中，有很多可歌可泣的英雄故事。

1996年10月，一名瘦弱孤单的老人在鲁西南战役纪念馆中一幅画像前，站了足足有一个多小时，经过馆内工作人员询问得知，她是南峰岚新婚三天就离别的妻子。南峰岚是山西芮城县人，1937年参军后历任排长、连指导员、营长等职。1947年7月在羊山战斗中，他带领三营主攻羊身，经过激烈战斗，终于占领了主峰阵地，再继续向敌人进攻时，不幸被暗堡中的火力射中，光荣牺牲。

因为羊山战斗激烈，很多烈士家属联系不上，而南峰岚就是其中一个。自1947年南峰岚下落不明后，老人从老家山西芮城的一个小山村外出寻找自己的丈夫，从山西往山东赶，到过郓城、定陶、曹县，都没有音信。

陆陆续续找了近50年，终于在金乡羊山找到了已经牺牲的丈夫，遗憾的是当年正值建馆初期，并没有留下老人的名字，当工作人员再去他们老家找时，老人已在得知丈夫牺牲后的第二年，也就是1997年就去世了。

羊山战役的胜利，为刘邓大军千里跃进大别山扫清障碍，受到中共中央嘉奖。此役胜利后，刘伯承赋诗一首："狼山战捷复羊山，炮火雷鸣烟雾间。千万居民齐拍手，欣看子弟夺城关。"

鲁西南战役的胜利，是解放战争的一个伟大转折，为人民解放军挺进中原、跃进大别山创建了大块革命根据地，威胁南京和武汉两大重镇，为把战争引向国民党统治区开辟了道路，揭开了中国人民解放军从战略防御转入战略进攻的序幕，使中国人民革命战争从此开始了一个伟大转折，为夺取全国胜利创造了有利条件。

2. 摧毁"天下第一碉"：兖州战役

1948年6月，人民解放军山东兵团组织的津浦路中段夏季攻势取得了第一阶

难忘的岁月

段胜利。随后,兵团首长向华东野战军和中央军委建议发起兖州战役。7月6日,中央军委复电批准了这一建议,要求山东兵团精心组织此战役。

地处鲁西南平原的兖州,南屏徐州,北护济南,东窥沂蒙,西瞰鲁西,素有"九省通衢、齐鲁咽喉"之称。为确保这一战略重镇,国民党统帅部在此特设第十绥靖区,以原整编第二十七军中将军长李玉堂任绥靖区司令官,以整编第十二军中将军长霍守义率所部整编第十二师(前驻济宁的第一一二旅2个团)及保安团队,共10个团约2.8万人担任守备。

霍守义的整编第十二师,其骨干是原东北军的一部分,野战能力不强,但长于阵地防御作战,炮兵射击准确,城防工事修筑得比较完善。

兖州城的城墙由宽大厚实的青砖砌成,墙高10米以上,厚6至8米。守敌在抗战时期日伪军所修工事的基础上,又增设了新的防御设施,从城头到城脚有3层火力网,明碉暗堡有虚有实,上下左右交叉,构成没有死角的火力配系。环城是一条宽约10米、深4米的护城河,河内布满铁蒺藜。另外,城墙四周新挖了一道8米至11米宽的人工壕沟。壕沟与护城河之间设置了地雷、铁丝网、电网、鹿砦等,纵深约40米。在城东、城北的铁路线上,装甲列车日夜巡逻。城内有1个野炮营,以火力环城支援。

兖州守军自恃工事坚固,防备严密,在报纸电台上大吹大擂,说"兖州城是铁打的"。李玉堂和霍守义还命人在城西北角一座用花岗石砌成的大碉堡上,镌刻了"天下第一碉"5个大字。

7月6日,山东兵团司令员许世友、政委谭震林和参谋长刘少卿,根据中央军委相关指示,研究制定了作战计划,联名下达了《山东兵团攻兖打援部署命令》,并共同研究确定攻城部署和作战方案。

兖州城位于平原地区,城西地形开阔,村落稀疏,敌人从高城上可以清楚地观察到我军在城外的活动,飞机大炮也天天对城外进行轰炸射击。为了便于隐蔽地展开攻城兵力,我方部队进入攻城准备位置后,也需全力挖建战壕。

炮兵观察员在兖州外围的堑壕里观察敌情

攻城部队在兖州城西挖了三天三夜，硬是在敌人眼皮底下和绵密的火力网下，挖成了纵横交错的交通壕网。交通壕挖好了，火炮也进入了射击位置，有的山炮靠到了离城墙二百米，甚至一百五六十米的地方。

7月12日17时30分，随着三发信号弹腾空而起，攻击兖州城的战斗打响了！刹那间，所有的火炮电闪雷鸣似的一齐射向老西门、新西门及其纵深地域，但见兖州城头火光冲天，浓烟翻滚。目睹这壮观的一幕，纵队司令员周志坚不由得赞道："炮兵，我们神勇的炮兵，在攻克兖州的战斗中，立了头一个大功！"

华东野战军的榴弹炮

经过一个昼夜的激战，山东兵团于13日18时攻克兖州，将城内守军及突围的部队全部歼灭。战役前后历时48天，完全、彻底地消灭了守敌，共歼国民党军6.36万余人。红旗插上了兖州城楼，千年的古城终于回到了人民的手中。

兖州战役结束的当天，即1948年7月16日，军委在一日内连发五个电报给山东兵团司令员许世友、政委谭震林，要求山东兵团"主力应不惜疲劳抢占济南飞机场，并迅速完成攻击济南之准备，以期提早夺取济南""你们应争取于十天内夺取济南"。这标志着曾经作为国民党军重点进攻地的山东，已经完全由华东人民解放军控制，并完全占据了主导地位，山东即将全部成为人民军队的天下。

此役，收复和攻克泰安、曲阜、邹县、兖州、济宁等城镇12座，彻底控制了徐州至济南间津浦路700多里，完成了"横扫津浦路700里"的战略任务，使山东根据地基本连成一片，彻底孤立了济南国民党军，让中国国民党中央执委会委员、山东省主席、山东省党政军统一指挥部主任、山东绥靖统一总指挥部（该指挥部管辖第二、第四、第九、第十、第十一绥靖区党政军全体机关）主任兼第二绥靖区司令长官、国军悍将王耀武陷入被山东兵团层层包围的孤岛状态，成为了华东人民解放军山东兵团的囊中之物。

战后，从胶东打到鲁南的人民战士以胶东民歌为基础创作了一首新歌，歌唱兖州战役的指挥员许世友司令员："山东兵团许司令，指挥得真英明。调动了大军向南下，打下了兖州城。消灭它蒋匪军两万七千多，缴获的武器数不清、数不清！"

这一战役，既有力地支援了我西线兵团作战，又彻底地孤立了济南。兖州战役

难忘的岁月

沉重打击了国民党的嚣张气焰,大长了山东军民的志气,扭转了鲁西南整个战局,为解放山东作出了重要贡献,也使我军获得了对敌大中城市攻坚和与敌机械化部队作战的宝贵经验,为即将打响的淮海战役廓清了北侧外围战场。它的胜利,是中国人民解放军战争史上的光辉一章。

兖州战役期间,共有17个县直接参与了支前工作,为补充部队,出现了许多"父母送子女""妻子送丈夫""兄弟相争"踊跃参军的动人情景,有16000多名青年应征入伍。直接参加支前的民工达153万多人,他们冒着枪林弹雨,日夜不停地为部队运送粮秣,抢运伤员,还有百万妇女、老人、儿童做后勤服务工作。

第二节 砥砺前行,新中国成立后的过渡与社会主义初期探索

面对长期饱受战争摧残、困难重重的国民经济和敌对势力的各种猖狂破坏活动,济宁地区各级党组织,根据中共中央制定的各项方针政策,采取一系列措施,进行以经济建设为中心的各项社会改革,恢复国民经济,稳定社会秩序,国民经济在较短时期内恢复到抗战前水平,呈现出干部群众革命建设热情高涨、社会和谐、万象更新的局面。

一、新民主主义政权的巩固

1. 生产救灾与恢复农业生产

尼山、湖西和藤县地委把生产救灾作为中心任务,组织群众积极进行生产救灾。尼山地委提出:"不慌一亩地,不饿死一个人"。在灾后秋种中组织群众生产自救,集菜备荒,以发展副业生产、土产推销、以工代赈、社会互济等方法解决困难,并发放了大批救济粮。春耕春种时,地委又组织银行贷款,解决了缺少种子等困难。

湖西地委认真贯彻"生产救灾、节约度荒、组织互助、以工代赈、辅之必要救济"的方针,狠抓生产救灾工作,地区、县和受灾的区、乡、村都建立了生产救灾委员会,并派大批干部深入农村,组织群众积极开展多种形式的生产自救活动。1950年3月,梁山县根据平原省人民政府安排,将5800名灾民移往东北,妥善安置。

为减少洪涝灾害,从根本上稳定群众的生产生活,尼山、湖西两专区还组织群众开展了大规模的水利建设。1950年5月至7月,湖西专区动员大量民工,修复了南阳湖大堤,治理了洙水河、赵王河,开挖了数百条排水沟。在此后的三年中,全

区治水搬动土方达 1359 万立方，政府用于水利建设的投资达 160 多万元，提高了农业生产的抗灾能力。

1952 年 7 月下旬，湖西专区 7 个县、35 个区，滕县专区的 6 个县、24 个区普遍发生严重蝗灾，危害面积分别达 27.7 万亩和 43.4 万亩。秋蝗发生后，湖西、滕县专区迅速组织大批干部深入灾区，发动 15 万多名群众进行扑打，并赶调杀虫药粉、喷粉器等运赴灾区。各灾区都建立了扑蝗指挥部。至 8 月 20 日，两专区秋蝗基本被扑灭。

2. 剿灭土匪与镇压反革命

为维护社会秩序，保护人民群众安全，巩固新生的人民政权，湖西地委与尼山地委抽调大批干部和地方部队开赴新收复区，采取武装清剿与政治瓦解相结合的方针，清剿溃散残敌，取得了辉煌成果。

南四湖湖区是剿匪的重点地区。1950 年 12 月，经中共中央山东分局批准，成立鲁中南区湖上剿匪指挥部，统一指挥湖区剿匪工作。至 1951 年初，共歼灭湖匪 19 股，捕获湖匪 383 人、恶霸惯匪头子 22 人，逮捕特务分子 78 人，缴获长短枪 154 支，小炮 1 门，子弹 6862 发，钱币 325 万及大宗粮食、布匹、船只等物资，湖区匪、特基本被消灭。

声势浩大的镇反运动，使全区的社会秩序出现了空前安定的局面，为恢复和发展生产扫除了障碍，保证了抗美援朝和土地改革运动的顺利进行，巩固了人民民主专政。

3. 稳定市场物价与统一财经工作

新中国成立之初，由国民党政府长期滥发纸币造成的恶性通货膨胀、物价飞涨、投机猖獗、市场混乱的局面仍然存在，严重影响着工农业生产的正常进行和人民生活的安定。1949 年 10 月，以上海为中心的大规模物价上涨风波波及全国。党中央适时组织发动了同投机资本家的"米面大战"。11 月 28 日，济宁市政府根据中央和山东分局的指示，采取紧急措施，果断地向市场抛售物资，平抑物价，使粮、棉等主要农产品价格落至预定的标准。同时，通过政权的力量逐步建立健全了百货公司、粮食公司、花纱布公司、烟酒专卖公司等国营经济机构，普遍建立和发展壮大了合作社经济，逐步控制了粮、棉、油、布匹等与国计民生有着密切关系的重要物资的购销，打击了投机商人的不法活动。1950 年 3 月起，物价即开始回落，并渐趋稳定。至 1952 年底，长达 10 余年之久的通货膨胀局面得到彻底扭转。

1950 年 6 月，党的七届二中全会作出了统一全国财经工作、节支增收、调整工商业的决定。为统一财经工作，1951 年春，尼山和湖西专署和各县政府先后建立了财政经济委员会，对国家财政进行统一管理，划分了中央和地方财政开支范围，认真执行中央规定的岁入岁出的统一科目和预算制度。对乡、村地方财政也进行了初步检查与整顿。加强了税务、金融工作,统一了货币。

4. 开展抗美援朝运动

正当全国人民集中精力恢复国民经济的时候,1950年6月,朝鲜战争爆发。1951年10月,中国人民志愿军跨过鸭绿江,开赴朝鲜战场,承担起抗美援朝、保家卫国的历史重任。

1950年9月下旬,中国人民解放军第三野战军第九兵团在兖州一带集结,准备赴朝参战。10月下旬,第九兵团在曲阜孔林享殿前召开团以上干部会议。30日,中国人民解放军总司令朱德在会上作了抗美援朝动员报告。会后,第九兵团离开兖州一带,赴朝参战。

在抗美援朝捐献运动中,湖西专区共捐款62万元,超额完成了45万元的捐献任务。滕县专区捐款162.8万元给志愿军买飞机,做军鞋1364双,慰问袋2.41万个,写慰问信7.49万封,赠图书4万余册。大批青年积极报名参加志愿军。一年中,滕县专区有18811名青年参军,奔赴朝鲜战场;湖西专区有9341人赴朝参战。在参军热潮中,涌现出了许多感人的事迹。仅嘉祥、鱼台、巨野就涌现出送子、送夫、送侄、送女、送婿、送弟参军事件256起。嘉祥县芦楼村4名女青年刺破手指写血书呈报县政府表决心,要求参军……

二、1957年的抗洪救灾斗争

1957年,正当济宁人民贯彻落实党的八大路线,全面开展社会主义建设之时,全区遭受了百年未遇的特大水灾。

7月10日至23日,全区在短短14天之内连降8次暴雨,平均降雨700毫米以上,加上客水汇集,远远超出了湖河容泄能力。十几条大中河流及南四湖堤防大部漫溢决口,津浦铁路以西湖河连成一片汪洋,济宁、嘉祥、金乡、微山滨湖涝洼地区纵横百余里成为泽国,到处可以行船。同时又遭暴风侵袭,使全区人民的生命财产遭受巨大损失。据统计,共淹没耕地836.62万亩,占总耕地面积的近60%,水深在一米以上的就有420万亩。其中639万亩秋季作物绝产,占总耕地面积的45.8%,造成粮食减产13.3亿斤,占全年总产量的45%。受灾人口达281.94万人,无家可归,占全区人口的52.8%,死亡355人,伤1440人。进水或被水围困的村庄4171个,占村庄总数的39%。倒塌房屋107.54万余间,死亡牲畜4859头,国库损失小麦1500万斤,损失湖产2600余万元,群众财产损失难以计算。

济宁专区遭遇的特大洪水灾害引起上级党委政府的高度关注。党中央、国务院从上海、南京、济南等地急调人民解放军陆海空三军部队2000余人,星夜赶赴灾区，投入铁舟、轮渡、汽船、橡皮舟等256只抢救群众，并派出飞机空投1万余个救生圈，14.8万斤熟食等救灾物资。时任省委书记处书记谭启龙、省长赵健民亲临灾区视察，组织指导救灾；时任副省长高克亭在济宁坐阵指挥，指导抗洪救灾工作一月之余。

济宁地委一面迅即向上级报告灾情，一面迅速组织抢救与安置灾民。地委成立了救灾抢险指挥部，时任地委书记高逢五任总指挥。地委、专署设立了生产救灾、灾民安置、物资供应、交通运输4个办公室。地委、专署领导迅速分赴灾区，同受灾县党政领导干部一起亲自到抢险第一线现场指挥，并紧急动员组织地、县、社干部、公安武警、军分区指战员奔赴灾区，其中，仅地直机关就抽调600余名干部深入灾区，组织指挥防汛队伍，抢险堵口，转移灾民。1957年7月21日至8月10日，在20天的时间内，抢救、转运了4000多个被水围困的村庄、21万多人和大批牲畜，使之平安脱险，顺利完成了抢救任务。

第三节 改革开放不停步，社会发展谱新篇

一、共赴时艰

1. 2003年支援全国抗击非典

2002年，在中国广东发生了非典疫情，并迅速扩散至东南亚乃至全球。抗击非典的关键时刻，9000万齐鲁儿女伸出热情的双手。山东成了北京和全国其他疫情较重地区的大后方。

进入4月中下旬后，非典疫情迅速扩散，人们的心理一度恐慌，各地采血量骤降。4月23日，北京市用血告急，请求山东支援。

此时，山东省血液中心血库只有296单位全血——平时一天的用量。山东省委常委会议决定，全力支援北京。时任省委书记张高丽说，北京的防治工作事关全国大局，我们一定要讲政治、顾大局，支援北京抗击非典。

根据省委领导指示，山东省血液中心向菏泽、济宁、青岛等地发出指令。他们得到的都是坚定的承诺：如果需要，我们现在就向北京送血。4月25日起，菏泽、邹城、枣庄中心血站将一份份全血发往北京。

4月28日，北京再次求援医疗用血。两天后，"支援北京急救用血一日捐"在齐鲁大地展开。在济南，省体育局的同志来了，大众报业集团的新闻工作者来了。

难忘的岁月

山东省医学科学院纪委副书记黄涛带头卷起袖子说:"什么也不用说了,这个时候我们不上谁上?"在青岛,献血市民排起长队,全天采血619人次,采血量191000毫升,创青岛血站建站以来采血数量新纪录。带着齐鲁儿女体温的血浆送到了北京。至5月4日,山东向北京发送医疗用血2030个单位,他们支援的血浆一度占北京用血量的1/4。

全国的困难,就是山东的困难;兄弟省市的困难,也是山东的困难,支援全国是山东应尽的义务。在自身防治非典的巨大压力面前,山东省委、省政府负责同志的态度始终旗帜鲜明,明确表示:危难时刻,山东要人给人,要物给物,要钱给钱!

自2003年2月起,山东某医药集团就悄悄开始了向有疫情地区无偿捐赠。广州发生疫情后,他们向广州红十字会捐赠价值58万元的抗非典药品;4月,北京疫情告急,他们向北京红十字会捐赠价值65万元的抗病毒药物。4月18日晚,接到内蒙古的求援电话,次日下午,他们就将捐赠的价值15.6万元的大环内酯类抗生素百红优送到呼和浩特市。5月8日,他们又派人专程赶到北京小汤山医院,向战斗在抗击非典一线的医护人员捐献了价值11.2万元的药品。北京、广东、河北、内蒙古、山东、河南、甘肃、吉林、福建、安徽、宁夏等地疫情发生后,这家诞生在战争年代的原军工企业已经向11个省、市、区无偿捐赠290多万元的抗非典药品。

"大红枣,甜又香,送给亲人尝一尝。"时光已逝,民族血脉中流动的团结、互助精神未变。

2003年5月12日,山东寿光农民向北京捐献了22.5万公斤的新鲜蔬菜。为了让北京市民吃上最好的蔬菜,他们挑选了生长环境最好的蔬菜,黄瓜挑最嫩的,西红柿选果型最漂亮的,青椒要个头最大的,以农民特有的质朴默默感动着首都人民。在洛城镇的蔬菜大棚里,一位姓葛的老农一边摘着辣椒,一边对记者说:"把这些大的送到北京,留下小的,自己吃。"

2003年4月29日,国家有关部门与山东协商,要求10天之内向香港提供80万只口罩。济宁医疗器械厂接到任务,调度全部力量,所有机器一刻不停,及时完成了任务。

山东这家医疗器械公司是国内最大的消毒灭菌设备研制生产基地。2003年4月,各地对医院用消毒灭菌设备和医用垃圾焚烧炉的需求成倍增加,受交通等因素影响,到一些地区的运输费用也增加了3倍。公司领导明确提出,不发国难财,不赚昧心钱,产品不涨价,上涨的费用靠自我消化。收到北京小汤山医院急需3台真空灭菌器的电话后,他们连续苦战两天,由4名技术人员护送,如期送到小汤山。

一方有难,八方支援。越是危难之际,越能体现中华民族的强大凝聚力。有了她,我们就能战胜一切困难险阻。

> **拓展阅读 17年前非典"战士"再上防疫一线**
>
> "出门要戴口罩,在家里尽量别出门,人多的地方别去凑热闹,回到家一定要先洗手……"2020年初,在济宁泗水县中册镇东杨庄村防控点,总是能看到一位戴着口罩、身佩红色党员志愿者袖标的老人,向来往群众发放防疫宣传资料,叮嘱大家疫情防控知识。
>
> 这位老人叫刘汉芝,今年77岁,是一名拥有55年党龄的老党员。2003年,他带头加入村党支部成立的"防非典"机动小组,挨家挨户登记排查,宣传非典可防可治政策,引导群众,避免疫情引起的恐慌。2020年大年初一,村里开会安排疫情防治工作,刘汉芝再一次站出来要求参加"战斗",加入村党支部成立的党员志愿服务队。由于年龄偏大,大家对他都有些担心,但他却坚定地说:"别看我瘦,干劲不减当年,疫情防控我有经验,作为一名共产党员,关键时刻我就得先上!"
>
> 有应对疫情经验的他,毅然选择"逆行",冲到"战疫"一线。刘汉芝每天早晨五点半准时起床,在防控点他负责检查车辆,登记出入信息,测量来往人员体温。从防控点执勤换班后,他抱着厚厚的宣传单和明白纸挨家挨户发放,他每天还利用村内喇叭为群众讲解防控知识。瘦小的身躯还硬是背起消毒器,认真开展村内喷洒消毒工作。面对大家的劝阻,他总是摆摆手说:"我的身体我心里有数,我是一名党员,还是一名退伍军人,就要带好头,在这次疫情防控中做点力所能及的事情。"他这样说的,更是这样做的。

2. 济宁市消防救援支队赶赴安徽

2020年汛期,江西、湖南、江苏、安徽等地遭遇严重洪灾。7月19日济宁市消防救援支队接到山东省消防救援总队增援命令赶赴安徽,历时28天,圆满完成总队下达的各项任务,最大限度地保护了人民群众生命财产安全,赢得了当地政府和广大群众的高度赞誉。

消防指战员们乘坐皮划艇、冲锋舟,到受灾街道挨家挨户疏散救援被困群众。由于洪水漫堤,当时受灾街道上平均水深约2米,水里还漂浮着很多家具、动物尸体等杂物,在一些决口位置水流比较湍急,冲锋舟容易侧翻,给救援工作带来很大难度。待救群众多,救援任务重,他们迎难而上,边救援、边总结、边提升。

洪水肆虐之处没有支撑点落脚,消防指战员的后背就是最坚实的"陆地"。他们以肩为梯,以背为堤,以手为桥。先后背出行动不便的老人,用双手托举尚在襁褓的婴儿,用双肩扛起害怕的孩子……连续奋战多天,疲惫的消防指战员们歪倒在街边休息,他们的脚都被泡得发白浮肿。

难忘的岁月

  这些抗洪战士们，有的一再推迟婚期，有的家中孕妻即将临盆，有的孩子刚刚出生，有的家中老人重病无人照料，他们舍小家顾大家，用实际行动充分彰显了对党的无限忠诚和对人民的赤诚之心。而战士们的辛苦付出，当地老百姓们也是看在眼里、记在心中。在抗洪一线现场，一个个暖心瞬间也在上演……

  7月27日，安徽省颍上县，家住庙台村的马文起老大爷，推着三轮车，将自家做的热气腾腾的面条，送到抗洪一线消防指战员手中，浓浓的鱼水之情在老乡的一碗热面中传递。劲道绵淳的热面香气，在指战员心中久久回味，化为奋力向前的精神动力，为答谢老大爷的暖心行为，致敬抗洪一线指战员和当地热心群众，山东济宁消防援皖指战员利用业余时间，为老大爷写了首歌，创作了一首《老爷爷的热汤面》。

  不光马大爷，当地群众纷纷拿出自家煮的鸡蛋、种的西瓜、蒸的馒头送到抗洪一线的指战员手中。暖心的热汤面，解暑的甜西瓜……受灾群众用朴实的举动表达着对消防指战员的感激之情。这种军民鱼水情深也带给大家战胜洪灾的勇气和力量。

  济宁支队援皖指战员攻坚克难，先后转战滁州市全椒县、阜阳市颍上县，在20多个任务点乘风破浪、鏖战洪峰，他们组织开展救援、排涝、清淤和巡堤、清障、固堤等任务，营救遇险群众61人、转移疏散群众300多人、排水排涝10万余吨、填运沙袋3000多袋、巡堤排查40多公里，历时28天圆满完成总队前指部署的各项任务。

  改革转制后，消防救援队伍作为应急救援的主力军和国家队，承担着防范化解重大安全风险、应对处置各类灾害事故的重要职责。特别是由过去相对单一的防灭火任务向综合性应急救援的职能拓展，呈现出全时空、全领域、全灾种的任务特点。

  无论是熊熊烈火，还是滔滔洪水，哪里有危险，哪里就有火焰蓝。从抗洪抢险再到灾后重建，全体指战员把灾区当战场，把群众当亲人。在险象环生的大堤上，在没过膝盖的洪水里，在救援群众的战斗中，在满是淤泥的街道上，消防救援旗帜在闪耀，在飘扬，更在指引方向。每一场战斗都展现了济宁消防的优良传统和精神风采，全体指战员以实际行动践行"救民于水火、助民于危难"的铮铮誓言。

二、文化和旅游事业的发展

  济宁是历史文化名城，世世代代的济宁人民创造了灿烂的古代文明。始祖文化、邹鲁文化、运河文化、水浒文化是中华文化的重要组成部分，博大精深的儒家文化更是起源于此。济宁是山东省乃至全国较早建立中共组织的地区之一，历史文化同样是中华文化的闪光点。为把丰厚的历史文化进一步发扬光大,2003年4月,济宁市第十次党代会确定了建设文化名市的战略目标,要求全市以建设文化名市为抓手,充分发挥济宁文化建设与社会发展的优势,积极培育具有较高思想道德素质、科学文化水平和较强民主法治观念的时代新人,塑造社会风气良好、公共秩序井然、生活环境优美的城市形象,实现物质文明、政治文明和精神文明的协调发展、全面进步。

> **拓展阅读 2018年春晚分会场设在曲阜**
>
> 说到过年,重头戏肯定是两大节目:吃年夜饭,看春晚!而2018年的春节,济宁人民更激动,因为央视2018春晚分场设在济宁曲阜。
>
> 毫无疑问,把山东确定为分会场,最大的创作初衷是一种对中华传统文化传承的象征意义。孩子们天真的经典诵读,万仞宫墙的开场主持,通过先贤故里的完美演绎,展示出中华文化源远流长、历久弥新、昂扬向上、自信迸发的独特魅力。

成功举办了世界旅游日中国主会场庆祝活动、国际孔子文化艺术节、中国京杭运河文化节等重大文化活动,继续兴建完善了运河文化广场、济宁广播电视中心等城市标志性文化设施,孔子文化会展中心、《济宁日报》报业大厦、市文体中心等一批文化重点工程项目也相继开工建设。组织实施了广播电视"村村通"、文化信息资源共享、社区和乡镇综合文化站及基层文化阵地建设、农村电影放映、农家书屋建设"五大工程"。实施了文物保护重点项目和重点工程,继曲阜"三孔"在上世纪80年代被列为世界文化遗产后,曲阜、邹城被列为国家级历史文化名城。加强了非物质文化遗产的保护和利用,全面启动了全市非物质文化遗产普查工作。嘉祥的唢呐、邹城的阴阳版、兖州的花棍舞等一批民间艺术形式得以被重新挖掘整理,一批优秀的民间艺人和民间艺术之乡得以涌现。2006年,《鲁西南鼓吹乐》《祭孔大典》《孔孟之乡的梁祝传说》等3项非物质文化遗产项目入选首批国家级非物质文化遗产保护名录。一大批文化产业项目纷纷落地,济宁影城、圣都国际会展中心、新华书店、新华物流配送中心建成使用,曲阜儒家文化产业园、嘉祥石雕文化产业园、新华书店、济宁电影有限公司、汶上宝相寺等4家单位被授予省级文化产业示范基地。注重弘扬传统文化与发展现代文化相结合,中国(嘉祥)石雕艺术节、中华母亲文化节、汶上宝相寺太子灵踪文化节、中国(梁上)水浒文化街、微山荷花节、泗水桃花节、金乡大蒜节等文化活动,对于促进当地文化与经贸交流产生了良好的推动作用。

难忘的岁月

拓展阅读　佛牙东来，"悟空"立奇功

佛牙舍利如何来到东土？这还要感谢一位叫"悟空"的高僧。《大正藏》卷五一收录《十力经序》即《悟空入竺记》记载：上都章敬寺沙门悟空，俗姓车，字奉朝。唐天宝九年，天竺（印度）一个小国派使臣来唐朝，表示愿意归附。次年，唐玄宗派大臣张韬光前往安抚，悟空时任左卫之职。在天宝十二年二月到达该国。张韬光在交付唐朝赐给国王的信物后启程回国。悟空因患重病，无法随行。病愈后，誓心归佛，投在当地高僧门下出家，这名高僧正好保管着释迦牟尼佛牙。悟空在印度那兰陀寺住了三年，因怀念家乡，再三请求回国，最后携带高僧赠送的释迦牟尼佛牙舍利和梵文贝叶经，历尽艰辛，于贞元六年二月回到长安，将佛牙舍利及译经进奉给朝廷。这样佛牙舍利就随着悟空法师不远万里来到了中国。

得到佛牙后唐朝在大庄严寺造佛牙宝塔供奉；唐武宗灭佛，不许供奉佛牙，佛牙隐匿不明；至五代后晋天福三年，佛牙辗转至汴京；沈括于熙宁五年在京城附近看到过佛牙，此后佛牙几经辗转来到了宝相寺。在《宋高僧传·唐京兆西明寺道宣传》《宋高僧传》《梦溪笔谈》《宋史·王安石传》等古籍著作中都有相似的记述。

拓展阅读　济宁成功举办第23届省运动会

2014年的金秋，山东省第23届运动会在济宁市体育中心体育场开幕，能容纳3万多人的体育场座无虚席，成为一片欢乐的海洋。

开幕式前，时任省委书记姜异康等亲切接见了全省群众体育先进代表，并与代表们合影留念。在国旗的引导下，来自全省17个市的运动员昂首迈入会场。省运会期间，他们将弘扬中华体育精神，争创优异成绩，展现山东体育健儿的良好精神风貌和山东体育事业发展所取得的成就。

本届省运会坚持"节俭、务实、高效"的理念，开幕式在白天举行，不燃放焰火，不点燃火炬，不搞火炬传递，不搞文艺表演，举行全民健身项目展示活动。开幕式上，1200名大学生和社会各界志愿者表演了广播体操、队列操、武术操等全民健身项目。广播体操激情飞扬、充满活力，是最具中国特色的、普及最广的全民健身项目；队列操展示了丰富的队列变化，动作整齐划一、气势磅礴；武术操融合了武术的基本功与体操的节拍，气势如虹、虎虎生风。全民健身项目的展示充分体现了本届省运会"人文济宁、精彩省运"的主题。

本章小结

济宁有着悠久的传统文化历史，更有着党领导下的光荣革命斗争、建设与改革历史。曾经的浴血奋战为后期的建设与改革创造了和平的发展环境。具有光荣革命传统的济宁人民，在党的领导下，与全国各族人民共同奋斗，用创造与智慧谱写了可歌可泣的济宁壮丽篇章。当代青年大学生要传承济宁人民为追求民族独立、人民解放和国家富强筑就的伟大奋斗精神，谱写自己最美的奋斗青春。

随堂测试

一、选择题

1. 现济宁市辖区内建立的第一个中共组织是（　　）。

   A. 中共山东省立第二师范学校支部

   B. 中国共产主义青年团曲阜二师支部

   C. 中共山东省立第一师范学校支部

2. 羊山战役主要由（　　）指挥夺取胜利。（多选）

   A. 邓小平　　　　B. 刘伯承　　　　C. 陈毅　　　　D. 罗荣桓

3. 羊山战役是（　　）中最惨烈的战斗。

   A. 四平战役　　　B. 孟良崮战役　　C. 青化砭战役　　D. 鲁西南战役

4. 在抗日战争初期创造的兵力与敌相等而武器装备处于劣势的情况下，全歼日军一个大队的模范战例是（　　）。

   A. 羊山战役　　　B. 梁山歼灭战　　C. 兖州战役

5. 梁山歼灭战是八路军（　　）创造的兵力与日军相等，在武器装备上处于劣势的情况下，全歼日军一个大队的模范战例。

   A. 一一五师　　　B. 一二零师　　　C. 一二九师

6. 解放战争时期，摧毁"天下第一碉"的战役是（　　）。

   A. 羊山战役　　　B. 梁山歼灭战　　C. 兖州战役

7. 抗战精神的科学内涵包括（　　）。

   A. 天下兴亡、匹夫有责的爱国情怀

   B. 视死如归、宁死不屈的民族气节

   C. 不畏强暴、血战到底的英雄气概

   D. 百折不挠、坚忍不拔的必胜信念

8. 2018年春晚分会场设在（　　）。

   A. 金乡　　　　　B. 曲阜　　　　　C. 邹城

9. 济宁成功举办第（ ）届省运动会。
B. 21   B. 22   C.23

二、思考题
1. 济宁早期共产党组织领导人民进行过哪些革命活动？
2. 鲁西南战役的意义是什么？
3. 为什么梁山歼灭战是抗击日军侵略的模范战役？
4. 建国后为巩固民主主义政权，济宁人民做了哪些努力？
5. 济宁改革开放新时期的转型发展，对你有哪些启示？

三、实践活动
组织参观鲁西南战役纪念馆，谈一谈哪个人物或事件让你最为感动。

第二章

红色文化育英雄

——济宁革命、建设和改革开放中的好儿女

难忘的岁月

图说

铁道游击队

铁道游击队是一支由中国共产党领导的抗日武装力量，隶属于八路军"一一五师苏鲁支队"。该队以临城（今薛城区）为中心，依靠群众开展游击战术，与日本侵略者展开浴血奋战，奏响了民族救亡的最强音。于1945年解散并入华东野战军。

知识目标： 了解济宁地区的英雄人物和他们的英雄事迹。

能力目标： 学习革命英雄事迹，汲取精神力量，坚定爱国主义精神，提高自身素质。

素质目标： 树立和培养正确的理想信念，能够将革命英雄的感人事迹体现出的理想信念、无畏气概及高尚人格的精神财富内化为自己的行动指南。

思政目标： 铭记光辉历史，传承红色基因，坚定爱国主义精神，增强责任感和使命感。

第一节　风火狼烟战争中的英雄儿女

一、湖西忠魂——马霄鹏

马霄鹏（1903~1939），革命烈士，山东鱼台县谷亭镇陈丙村人。1919年，考入济宁甲种工业学校。1923年马霄鹏以优异的成绩考入东南大学（现南京大学）心理系。在校期间，马霄鹏逐步接受了一些马克思主义学说和进步思想，阅读了大量进步书籍，努力探求革命真理。

1927年，四一二反革命政变后，广东、江苏、浙江等省相继发生了反革命大屠杀，轰轰烈烈的大革命失败了。在中国革命的低潮期，马霄鹏冒着生命危险加入了中国共产党。1927年底，马霄鹏受党组织派遣赶赴上海，和一位德国侨民在法租界合办书店，以书商作掩护，从事党的秘密工作，在政治环境十分险恶的形势下，出色地完成了党组织交给的各项任务。

1931年春，马霄鹏离开上海，回到山东开展党的工作，被派到济南第一师范学校任教。他利用合法的讲台，结合教学，向学生宣传革命道理，宣传国内外形势。同年秋，他被派往平原省立第五乡村师范学校任教，以教学为掩护，从事党的秘密工作。马霄鹏通过教学，向学生灌输马克思、恩格斯指导无产阶级革命的基本观点，还亲自编印讲义和教材，公开讲授社会发展史、辩证唯物论，并经常透露一些有关苏联社会主义革命和建设的情况、中国工农红军在中国共产党领导下坚持革命斗争的情况。

1932年，马霄鹏改任国文课老师，他以鲁迅的《狂人日记》《阿Q正传》等反映民众疾苦的作品为教材，向学生们灌输革命思想，着力培养学生的反帝反封建意识。1932年夏，马霄鹏以他所任教的班级为主，又吸收其他班级的学生，与党员教师李竹如一起创办了学生"读书会"。他组织学生广泛阅读具有革命思想的进步作品，指导学生阅读恩格斯的《家庭私有制和国家的起源》、列宁的《国家与革命》《唯物主义和经验批判主义》，还有"五四"时期的进步书刊，如《狂人日记》《子夜》《母亲》《铁流》《大众哲学》等，还经常召开座谈会，交流学习心得，评议政治时事。他和李竹如的革命启蒙教育，使一批进步学生很快成长起来，走上革命道

难忘的岁月

路,从而大大提高了学生的思想觉悟,有力地推动了学校的革命斗争。

1934年下半年,他指导王禄清等进步学生办起了《禹声报》,宣传马列主义,鼓动抗日救国斗争。同年9月,他和李竹如相互配合,将在实际斗争中经受考验的4名学生积极分子发展为共产党员。10月,帮助马诚斋等人建立了平原五乡师党支部。马霄鹏作为省立第五乡师党组织的创始人之一,担任中共鲁西北特委委员。他还把毕业的学生组织起来,联合农村一部分小学教师,成立"醒民剧社",深入到农村、集镇,向群众宣传进步思想,大造革命舆论并及时把在斗争中涌现出来的革命积极分子发展入党,不断壮大党的队伍。

1935年12月,北平爆发了抗议国民党投降的学生运动。马霄鹏结合当时的斗争形势,对学生进行爱国主义思想教育,激励学生关心国家大事,并且组织宣传队上街演讲,声援北平学生的请愿斗争。

1937年夏,在他的组织发动下,平原五乡师建立了"中华民族解放先锋队五乡师分队"。同年暑假,马霄鹏调到惠民乡师任教。在新的环境中,又发展了一批新党员,建立了学校党支部,并任支部书记。同年10月,将部分"民先"队员和进步学生共90余人,分三批送往山西临汾八路军"一一五师",随军学习深造,然后去延安参加革命。

1937年12月底,党组织通知马霄鹏及其妻子去延安学习,但他考虑当时地方缺少干部,就请求组织先让其妻子去延安,自己则留下来坚持对敌斗争。党组织同意了他的请求。谁也没有想到,兖州这次的分别竟成了他和妻子之间的永别。

1938年1月,马霄鹏被调到金乡县担任工委书记,后任县委书记。他根据鲁西南工委的指示,组织了金乡县第一支抗日武装——第五战区第二游击纵队,并任政治部主任。后来奉上级指示到鱼台,在鱼台成立了"抗日动员委员会",并担任主任。同年4月,马霄鹏调到鲁西南工委工作。5月初,鲁西南工委改称鲁西南特委,7月下旬,与徐西北区委合并,建立苏鲁豫特委。11月,特委改组,马霄鹏任宣传部部长。

1939年5月,苏鲁豫特委改为苏鲁豫区委,马霄鹏仍任宣传部部长。期间,他忘我工作,先后在苏北丰县的欢口、吴庄、沙庄等地举办各种类型的抗日训练班,为各县培训了大批抗日骨干,组织了随区党委机关行动的宣传部,走到哪里,宣传鼓动工作就做到哪里,还办起了区党委的机关报——《团结日报》。

1939年秋天,正当湖西地区抗日斗争蓬勃发展的时候,发生了骇人听闻的"肃托事件"。9月14日,马霄鹏被暗藏在党内的野心家王须仁和王宏鸣以"肃托"为名逮捕。他们对马霄鹏进行严刑拷打,马霄鹏忍受着肉体上和精神上的巨大疼痛和折磨,始终坚定地说:"我是共产党员,不是'托派'!"他宁愿自己受刑,也不连累其他同志，表现了一个共产党员的高风亮节。1939年9月19日深夜，这位党的忠诚战士，人民爱戴的好干部，在江苏省丰县于王庄被折磨致死，时年36岁。

1941年冬，中共中央山东分局根据中央决定，在单县辛羊庙举行隆重追悼大会，为马霄鹏平反昭雪，并追认为革命烈士。

二、革命赤子——蒋典印

蒋典印（1915~1940），梁山县李官屯乡解庄村（原属东平县）人。中共梁山一带党组织创建者之一。6岁时失去父母，在外婆照顾下读到初中二年级辍学，到戴庙小学任教。1936年7月，加入中国共产党。9月，蒋典印与高明宇在戴庙小学建立了梁山一带第一个党支部——中共戴庙支部。该支部和董临仪直接联系，直属中共山东省委领导。它是梁山一带最早的党组织，在宋江聚义之地首先举起了革命的火炬，很快成为东平湖西地区开展抗日救亡工作的核心。不久，又在解庄小学建立了党小组和党的秘密联络站，负责传送党的文件，护送过往的地下工作者。"七七"事变后，蒋典印被党组织派遣到国民党原西北军将领石友三部"一八一师"作统战工作。石友三既想依附我党力量，摆脱蒋介石的控制，以保存个人实力，同时又慑于日军威力，认为抗战无望，有意投靠侵略者。在石友三控制下，"一八一师"亦取观望态度。蒋典印遵照党"发展进步势力，争取中间势力，孤立顽固势力"的方针，首先积极做好下层官兵的教育争取工作。他广交朋友，同他们谈身世，叙家常，晓以民族大义，使他们了解到许多新奇的事情，懂得了不少革命的道理。他为人朴实，深得士兵的信任和爱戴。他们认为他有学问，说得入情入理，常常有人向他请教，工作很快打开了局面。在此基础上，他又把目光转向上层人物。当时，蒋介石为加强对石友三部的控制，也派遣特务到该部活动，斗争十分尖锐。蒋典印灵活机动，沉着稳健，坚持着有理、有利、有节的斗争，取得了很大成效。石部曾多次和我军协同作战，这其中包含着蒋典印的极大努力。

1940年初，第一次反共高潮期间，石友三部乘机勾结日军，大肆搜捕共产党员。蒋典印不幸被捕。敌人把蒋典印关押在豫北内黄县城。匪徒们为了逼他供出"一八一师"共产党的名单，对他施用了种种酷刑，进行了惨无人道的摧残。蒋典印被打得遍体鳞伤，但丝毫没有动摇坚强的革命意志，英勇不屈。最后敌人一无所获，将蒋典印活埋。临行前蒋典印大步走到敌人挖的土坑前朝下看了看，大声说："不行，坑太浅，我是共产党员，我要站着死！"一群国民党兵吃惊地望着蒋典印，只好又往下挖，蒋典印跳下坑去，面向梁山方向，昂首挺胸，英勇就义。

难忘的岁月

拓展阅读　新民主主义革命时期牺牲的济宁籍烈士

一、马希文（1906~1927）

金乡县城东马庄村人。1923年春，入济南正谊中学读书。1925年，加入中国共产党。1926年冬，党组织决定动员北方青年到武汉参加培训。马希文先后辗转北京、上海，于1927年到达武汉，考取了中央军事学校（黄埔分校），被编在一大队。同年8月，中央军事学校改编为军官教导团，在叶剑英率领下，马希文随第四军教导团到达广州，于12月11日参加了广州起义。12日，所在部队开赴珠江沿岸，参加攻打张发奎第四军司令部留守处时，马希文冲锋陷阵，身中数弹牺牲。

二、陈伯衡（1906~1939）

原名陈宪璇，笔名行鱼，生于1906年2月26日，汶上县中都街道西周村人，中共党员。16岁考入汶城书院高小。1931年，以优异成绩考入北京大学经济系。在北大，随着马克思主义的广泛传播，逐步接受了马克思主义，由对革命的朦胧向往，变成了自觉的追求。1935年，北大毕业后到济南齐光中学任教务主任，并成为《齐光校刊》的主要撰稿人，针对当时的形势，发表多篇战斗檄文，阐述了至今仍有重要现实意义的观点。

1937年10月，日军逼近济南，韩复榘军南逃，流亡师生南撤路经汶上，为配合组织抗日救亡活动，他决定留在汶上，从此投笔从戎，依靠共产党的领导进行抗日工作。1938年2月，与鲁西南工委派来的共产党员刘星等人一起在汶上县七区申垓村（现属梁山县）附近的永安寺发动武装起义，建立了汶上县人民抗日自卫队。这支队伍转战于黄河两岸，与敌进行了顽强的斗争，取得一系列战果。队伍先后被编为十支队挺进队、十支队东进梯队和八路军山东纵队六支队一团，他先后任挺进队长、东进梯队司令员、六支队一团团长等职。1939年初光荣加入中国共产党，同年2月，率六支队一团攻下泰安薛家岭据点，俘获伪区长以下60余人，长短枪数十支，轻机枪1挺。3月22日，在指挥郑海作战时，不幸中弹牺牲，时年33岁。

三、铁道游击队

微山湖是南四湖的别称，微山湖与昭阳湖、南阳湖、独山湖共同构成了南四湖。她是北方最大的淡水湖，京杭大运河穿微山湖而过，纵贯南北。微山湖物产富饶，素有"日出斗金"之美誉。

以临城（即现在的枣庄市薛城区）和微山湖为中心，既是战略要地，也是铁道游击队"神出鬼没"的地方。40年代的微山湖，是华东至延安的地下交通线。向军区传送情报，护送刘少奇、陈毅、罗荣桓、肖华等重要领导同志从此地路过，被誉为"湖上小延安"。

铁道游击队最早发端于1938年夏,是在洪振海、王志胜建立的抗日情报站基础上发展起来的,始称枣庄铁道队,正式建队称鲁南铁道队,后与临城南北两支铁道队合编称鲁西铁道大队,受八路军苏鲁支队领导,成立时称"鲁南军区铁道大队",别称"飞虎队"。

铁道队以抱犊崮山区抗日根据地为依托,以临城(今枣庄市薛城区)为中心,紧紧依靠枣庄地区人民群众,主要战斗在铁路支线临(城)枣(庄)段、枣(庄)台(儿庄)段,津浦铁路干线的韩(庄)兖(州)段、兖(州)徐(州)段,驰骋在运河两岸和微山湖区。临城是临枣和津浦铁路的连接处,是铁道大队的活动中心,也是日本侵略军防守的主要阵地。铁道游击队挥戈于百里铁道线上,出没于万顷微山湖中,依靠群众,运用游击战术,与日本侵略者展开浴血奋战。

1940年8月下旬的一天夜里,洪振海、王志胜带领32名队员,分成五个组摸到"正泰国际洋行"附近,因围墙高且有电网,不能越墙,他们便在墙上打洞,直到第二天凌晨4点,才将院墙挖通。王志胜带领4个组进院内,洪振海带短枪组在外面掩护,三四分钟便结束了战斗。1941年5月,铁道队再袭日军洋行,击毙日军谍报队员13人。

1940年10月,鲁南军区司令员张光中、政委王麓水命令铁道大队务必想法搞到些药品。一天,临城车站的内线宋邦珍递送情报:有一列装载药品的货车将由青岛开到临城,然后向南行驶。铁道大队立即行动,当晚10时,游击队员飞身上车,待列车行驶到沙沟与塘湖站之间时,战士们迅速将药品掀下。铁道大队把这些药品及时运到鲁南军区。

1941年6月,铁道大队再袭日军押款列车,缴获法币8万余元。11月初,铁道大队与运河支队、滕沛大队、微湖大队、边联支队联合行动,在塘湖站附近成功截获日军运布车。共截获棉布1200匹,军装500余套,皮箱200只,缎子被100余床,呢子、毛毯各一宗,显微镜4架,电炉2个,发动沿湖十几个村庄的数百名群众帮助搬运。游击队将这些物资藏于湖区,后来鲁南军区派骑兵连运到抱犊崮山内的曹流井村军区被服厂,解决了军区武装越冬缺少棉衣的困境。

1941年8月,铁道大队破坏了津浦铁路韩庄段,致使日本运兵军列脱轨。9月,拆除峄县至临城铁轨1.5公里,砍断电线杆百余根,使日军的通讯和交通同时瘫痪。日军在峄县和临城紧急组建铁甲列车大队和铁道警备大队。并专门从济南调来特高课长高岗,在临城组建第五特别侦谍队。

一天夜里,铁道大队分成4个小组,化装成日军士兵和搬运工分别潜入临城车站。10时,担负攻击任务的第一组队员刘金山等人摸到了高岗的门前。刘金山第一

难忘的岁月

枪打死了高岗的卫兵，高岗正在那里趴着写字，听到枪响一抬头，刘金山第二枪紧跟打出，击毙了高岗。日军苦心经营的谍报网络从此分崩瓦解。

皖南事变后，新四军军部决定开辟一条从华中盐城地区北上、经山东南部西去延安的秘密交通线。铁道大队受领任务后，相继成功护送刘少奇、陈毅、陈光、罗荣桓、萧华、叶飞等穿越临城附近的津浦铁路，顺利通过敌占区，安全过境。从1942年到1944年，先后护送千余名干部往返延安，未出现一次差错，受到了鲁南军区的通令嘉奖。

1945年8月日本宣布投降，驻扎在峄县和临城一带的日军却拒绝向铁道游击队缴械。10月的一天，当日军乘坐的铁甲列车趁夜色开出临城车站，在沙沟附近发现前面的铁路已被毁，再试图退回临城时，退路也被铁道大队炸断。日军在孤立无援、忍饥挨饿3天之后，只好投降。

时年23岁的铁道大队政委郑惕代表八路军受降，1000多名日军携带8挺重机枪、130多挺轻机枪和两门山炮等轻重武器，向一支不足百人的抗日游击武装投降，在军事受降史上极为罕见。

1945年12月底，铁道大队奉命到滕县（今滕州市）接受整编。整编后除留两个连队归鲁南铁路工委领导外，其余100余人编入华东野战军鲁南军区特务团。大队长刘金山调任鲁南铁路局副局长，副大队长王志胜调任鲁南铁路局办公室主任。至此，鲁南铁道大队番号撤销，完成了它的历史使命。

知识链接　民歌：弹起我心爱的土琵琶

《弹起我心爱的土琵琶》是由芦芒、何彬作词，吕其明作曲，牟青演唱的歌曲，1956年作为电影《铁道游击队》插曲发行。《弹起我心爱的土琵琶》抒情的曲调将铁道游击队员们坚强的革命意志表现得淋漓尽致。曲作者吕其明运用山东民歌中富有典型意义的音调创作了这首具有浓厚地方色彩的歌曲，从"西边的太阳快要落山了"的抒情慢板，跳进到"爬上飞快的火车"的铿锵快板，使人油然而生"何意绕指柔，化为百炼钢"之赞叹，表现了游击队员在艰苦环境中的坚强意志和乐观精神，具有极强的感染力。

拓展阅读　抗日战争时期牺牲的济宁籍烈士

一、孔祥坦（1926~1949）

孔祥坦，著名革命烈士、华东军区战斗英雄。邹城市田黄镇瓦曲村人。1940年3月，14岁的孔祥坦参加八路军。1944年加入中国共产党。入伍后历任战士、班长、排长、连长、副营长，牺牲前任华野三纵七师二十一团营长。

孔祥坦入伍后，很快成长为一个勇敢善战的革命战士。在1940年、1941年两年的反扫荡战斗中，他总是冲锋在前，退却在后，异常勇敢。同志们称赞他是邹县独立营二连的"小老虎"。1943年，在消灭匪军张显荣部的战役中，孔祥坦带领3名战友奋不顾身，率先冲进南孙徐敌楼，迫使30多个敌人缴枪投降，使部队迅速全歼了守敌。1944年孔祥坦所在连在云山营被匪军300多人围困。孔祥坦主动提出突围方案。得到领导批准后，他带领一个排迅速攻下东山头制高点，俘虏了十几个守敌。紧接着他又率队攻上北山头，全歼守敌。1944年6月，孔祥坦出席了"山东军区英模会议"，获得"山东军区战斗英雄"的光荣称号。在解放战争期间，因其指挥有方，歼灭了大量蒋匪军，又被评为"华东军区战斗英雄"。1948年12月，在淮海战役中，孔祥坦不幸负重伤不治，于1949年1月牺牲。

二、杨静斋（1888~1942）

杨静斋名修稳，字安亭，号静斋。梁山县小安山镇杨堤口村人，1888年生。辛亥革命后，他志意深造，于1913年考入北京中国大学法律系。大学毕业后回乡，后又到济南山东农业专科学校任"庶务"。杨静斋是民主革命时期同情我党、支持并参与我党革命事业的爱国知识分子。他刚直不阿，坚持正义，疾恶如仇，做出了很多有益于人民的事情。抗日战争爆发后，他便立即联络当地爱国志士，进行抗日救国活动。1937年冬，共产党在梁山一带筹建抗日武装，他捐献枪支，并通过亲友，动员爱国志士参加。

1942年，侵华日军大搞"治安强化运动"，加紧对我解放区，特别是华北解放区进行"扫荡"和"蚕食"。地方国民党顽军也乘机制造摩擦，在日、伪、顽杂军的封锁和夹击下，不少抗日根据地相继沦为敌占区，环境日趋恶化，斗争十分艰苦。当时，杨静斋任晋冀鲁豫办事处驻会委员，在这种形势之下，其家属和亲友对于其投身于残酷斗争放心不下，以其年老体弱为由，劝其不要再外出奔波，暂时隐蔽起来，以防不测，而杨静斋终不接受，瞒着家属和亲友，继续从事民族解放斗争，随机关转战到濮、范、冠一带。是年9月27日，日军采取"铁壁合围"对我根据地进行疯狂扫荡，杨静斋在濮县城北杏子铺被敌人包围，抵抗中不幸中弹牺牲，时年54岁。

第二节 社会主义建设时期涌现的英雄模范

一、英雄王杰

王杰（1942~1965），王杰烈士生前是济南军区驻江苏徐州某部工兵一连五班班长。1965年7月14日，在一次训练中为掩护民兵而英勇牺牲，被追认为革命烈士。

王杰同志于1942年出生在山东省金乡县城郊乡华堌村一个普通农民家庭，王杰从小爱听英雄故事，爱看英雄画册。1957年，大水淹没家乡，他冒着生命危险抢救生产队的马匹。1958年考入金乡一中初中部，每个星期天回家，王杰都会帮助生产队会计算账。

1961年8月，王杰应征参加中国人民解放军，在济南军区装甲兵某部工兵一连当战士。1962年2月加入中国共产主义青年团。1963年8月27日，王杰所在部队奉命到河北抗洪救灾，一天夜里，上级命令他们到木料场去抢运木料。场子被茫茫的洪水围困着，必须首先派一个尖兵探出一条安全的路来，大家才能顺利进场，王杰同志抢先要求担负了这项战斗任务。他在齐胸的水中探索前进，好几次掉进没过头顶的深坑。在寻找进出口时，他腿上、手上被在水下的铁丝网划出道道血痕，但为了顺利完成抢运任务，他把这一切完全置之度外。他这种奋不顾身、迎难而进的精神，使战友们受到了极大的鼓舞和教育。

在抢险中，别人一次扛一捆草袋，他扛两捆；在抢运被淹的木材时，虽不熟水性，却走在最前面，为全连探路。这一年，王杰被评为五好战士，荣立三等功。他以雷锋为榜样，从"微不足道"的小事做起，处处以身作则。在长途行军中，他主动关心新战友，帮助新同志扛枪、背包；他学习毛泽东著作，经常坚持学到深夜；在抗洪救灾中，哪里危险他就冲向哪里；在施工中，哪里有重活，他就奔向哪里。他用自己的行动实践自己"一不怕苦，二不怕死"的誓言，入伍以后，连续三年被评为五好战士，两次荣立三等功，多次受奖，被评为模范团员。

1964年1月，王杰被提任副班长，后任班长。王杰同志坚持写日记，1965年5月1日五一劳动节庆祝活动结束以后，王杰在日记中写道："我们要一不怕苦，二不怕死，做一个大无畏的人。"这以后就成为了王杰精神的集中概括。6月28日，看过电影《自有后来人》，他在日记中写下这样的誓言："只要革命需要，我一定像李玉和那样视死如归，不怕牺牲，直到战斗的最后一秒钟。"

1965年7月上旬，济南军区驻徐州部队拉练到邳州张楼乡，并短时间在那里进行各种演练，县武装部受当时热映的《地雷战》影响，利用这个机会，临时组织了民兵地雷班。7月14日上午，他们进行最后一项训练——地雷实爆，王杰让大家围成一圈，由他做示范动作。突然，埋设炸药包的土层冒出了白烟。在这千钧一发之际，王杰大喊一声"闪开"，便飞身而起，扑向炸药包（实爆训练用炸药包代替地雷）。随着一声巨响，王杰倒在了血泊之中，在场的12名民兵和人武干部得救了，年仅23岁的王杰却献出了自己的生命。根据王杰生前愿望，装甲兵某部党委追认他为中共正式党员。

王杰日记

我们要一不怕苦，二不怕死，做一个大无畏的人。

1964年3月3日

牢记：在荣誉上不伸手，在待遇上不伸手，在物质上不伸手。

1965年5月1日

什么是理想？革命到底就是理想。

什么是前途？革命事业就是前途。

什么是幸福？为人民服务就是幸福。

1964年7月28日

王杰用左手写的日记

二、好军嫂——韩素云

韩素云，1961年9月22日出生在山东省梁山县马店村一个普通农民家庭。她是一个挑起家庭重担，默默支持丈夫献身国防事业的好军嫂。2009年9月当选"100位新中国成立以来感动中国人物"。她的名言是，"荣誉是暂时的，做人是永久的"。

难忘的岁月

韩素云的丈夫是倪效武,边防军人,曾15次受到上级嘉奖,先后被评为班长标兵、排长标兵、优秀教员、优秀党员、先进基层干部,并荣立二等功。1996年5月调到南宁市新城区武装部工作。2008年1月转业到广西自治区建设厅工作。

韩素云为支持在广西南宁军分区服役的丈夫献身国防事业,结婚后多年一人挑起9口之家的生产、生活重担,既要照料多病的祖母、公婆,又要照顾双目几乎失明的小叔和上学的双胞胎小姑,还耕种着12亩责任田。由于长期过度的劳累,患了股骨头缺血性坏死症,却屡向丈夫报一家老小平安。

1998年1月,韩素云随考察团到百色地区考察。在一户农家看到孩子无钱上学,她当即掏出身上仅有的500元塞给孩子的父母,并说:"拿着这点钱,先给孩子上学,以后我再寄。"1998年长江、嫩江流域发生特大洪灾,韩素云和丈夫前后捐款捐物达1200多元。

1998年,南宁市开展"爱心献功臣"活动,韩素云积极响应,和丈夫带着礼品到南宁市近郊及附近县慰问了9位"三老"功臣。2000年6月,韩素云在报上看到"饥饿逼近30名弃婴"的消息,当即与邕宁县社会福利院取得联系,并在单位倡议开展"爱心献弃婴"活动,及时将捐赠的5000多元现金和一批衣物送到了福利院。

2001年7月,南宁市遭受60年来特大洪水袭击。在抗洪前线,韩素云还到法卡山抗洪部队与广西军区刘仁斌将军竞赛装沙包、扛沙袋,极大地鼓舞了官兵们的斗志。洪水稍退,韩素云组织43名"妈妈拥军"服务队,到抗洪部队驻地帮助官兵洗衣,熬姜汤。曾被评为全国、广西省、山东省"三八"红旗手,山东济宁"爱国拥军模范",被誉为"好军嫂"。1994年被中共山东省委、省政府授予"模范军属"称号。1995年1月被授予山东省首届"关心国防建设新闻人物"称号。1995年2月当选为广西十大女杰。1995年3月被国家民政部、解放军总政治部授予"优秀军人妻子"荣誉称号和二级英模奖章,同年被评为全国先进工作者并被凭祥市录用为国家干部；她曾荣获"广西壮族自治区劳动模范"，"巾帼建功先进个人"等荣誉称号；被授予全国先进工作者，全国劳动模范。1995年韩素云成为"爱国拥军先进集体报告团"的主要成员，春节前夕，韩素云和倪效武先后在北京、上海、山东作了9场报告，她爱国拥军的模范事迹，在全国引起强烈反响。2009年9月当选"100位新中国成立以来感动中国人物"。2019年9月，获得"最美奋斗者"的荣誉。

二、微山湖上好支书——孙茂东

在济宁有一位始终不忘初心、牢记使命，一心一意为村里谋发展、为群众谋利益，曾荣获全国劳动模范、全国十佳农民、山东省优秀共产党员、山东省担当作为好书记、山东省劳动模范、齐鲁乡村之星等称号，"不忘初心勇担当，鞠躬尽瘁好榜样"，被群众亲切地称为"微山湖上好支书"的孙茂东。

孙茂东（左一）在走访本村贫困户

孙茂东，山东省济宁市微山县高楼乡渭河村党支部书记、村委会主任。一个地地道道的渔家汉子，一个村民眼中不辞辛劳、执着前行的带头人、领路人。他的梦想朴实而厚重：实现全村共同富裕，使渭河村鱼肥鸭壮、苇绿荷翠、莺歌鹭飞、村民幸福、欣欣向荣。自2002年担任渭河村党支部书记、村委会主任以来，他全身心投入到村庄发展、服务村民中，十余年如一日践行着"为民、务实、清廉"要求，用自己的爱岗敬业、辛勤工作赢得了大家的称赞和尊重、信任与支持。近年来，孙茂东先后荣获山东省劳动模范，齐鲁乡村之星，省、市优秀村民委员会主任，市优秀农村党组织书记、县"十佳村党组织书记"等荣誉称号。2015年4月，他又被光荣评为"全国劳动模范"。

孙茂东说："要发展，首先离不开党的引领"。可渭河村很多党员从事水上运输，常年在大运河上漂着，一年也回不了几趟家，还有一些在外地搞捕捞，怎么对

难忘的岁月

这部分党员进行有效管理呢？孙茂东和两委班子商量后，首先对他们登记造册，了解流动党员在什么地点、从事什么行业、离哪个党组织近等。然后与当地党支部结成友好支部，让渭河的党员在当地参加组织活动。同时，在运输船队上党员聚集较多的地方，成立流动党小组，实行自我管理，并规定外出党员"七一"这天必须回村参加党支部集体活动。还建立流动党员QQ群、微信群，随时了解流动党员的工作、学习情况，也让他们及时了解村内发展变化，为家乡发展出谋献策。通过这些措施，渭河村彻底解决了部分流动党员村里管不着、驻地无人管的状况，让流动党员离家不离党，船行千里不迷航。这一做法，后来被高楼乡总结提炼为"三建四联五帮"流动党员管理模式。2012年6月，中组部授予渭河村党支部"全国创先争优先进基层党组织"。村里利用县乡党委奖励的80万元和村里筹资的70万元，新建了一艘高标准的办公船，为湖区广大党员群众提供咨询、帮困、教育、培训、娱乐服务，让党旗在微山湖上高高飘扬。如今这艘大船已成为了渭河村的一张名片，被群众亲切地称为"红船"。

"农村的工作，没有党的领导不行；支部书记自身正、自身清、一心为公是干好工作的前提和保证；关键时刻，共产党员的先锋模范作用不可忽视。"孙茂东生前常说，"我们不是地下党员，不敢亮明身份就是不敢担责，就是怕群众监督，就是不合格党员！"现在，渭河村党员佩戴党徽，住家船头悬挂党旗，事事模范带头成为常态。

"靠山吃山靠水吃水"。渭河要想富还得从水上做文章，向大湖讨说法。孙茂东为全村下的第一步"致富棋"是发展水上运输。2003年底，他带领村两委成员外出考察学习，以村集体名义注册成立微山兴渭航运公司，把从事运输的村民纳入到航运公司，抱团发展。目前，兴渭航运公司拥有运输吨位26万吨，拖头发展到26个，年营业收入3500余万元。

第二步"棋"是做优养殖业。2008年，渭河村联合其他3个村成立了微山县永胜养蟹专业合作社，对入社养殖户从种苗购进、日常管理到上市销售实行"一条龙"服务。并且成立专门的销售队伍，进驻北京、上海、天津等水产品批发市场，同时注册了多个河蟹商标。这些年，微山湖大闸蟹连续在全国河蟹大赛中荣获"金蟹奖"，渭河村群众也个个都成为养蟹的行家。

第三步"棋"是搞活旅游业。渭河村有原生态湿地景观、有淳朴的渔家文化、有传统的渔猎生活。2006年，村两委出台奖励政策，给予先过来搞旅游的渔民每家5000元扶持资金。为避免无序竞争，村里以集体的名义注册了微山湖渔家水街旅游开发有限公司。现在渭河村已是集餐饮、娱乐、休闲、度假于一体的旅游景点，被评为全国农业旅游示范点、山东省旅游特色村。

运输、养殖和旅游这三步棋走下来，渭河村从原来贫穷落后的小渔村变成了远近闻名的富裕村，居民人均纯收入已突破2万元，村集体年收入达到近百万元。"抓党建、抓发展最终还是为了更好地服务群众。"这是孙茂东生前挂在嘴边的一句话。渭河村偏居大湖一隅，基础设施差。这几年，他领着全村自己动手，修路、绿化、安装路灯和霓虹灯带，还建了一处湖上百姓大舞台，渔村面貌焕然一新。为方便村民出行和学生上下学，村里在小学周围河道上架设了5座钢架过河桥，在村东建了一座钢结构码头。

2019年11月14日，孙茂东因胆管胰腺癌在北京住院16天。出院后，医生叮嘱他至少卧床静养3个月，可忙惯了的孙茂东怎能躺得住？为了村里的事，他跑乡里，跑县里，一直没闲着。2020年初，疫情发生以后，他披着大衣，腰里带着引流管，坚持去值班点值守，开着小船一天三遍地喊注意事项。2020年2月24日，正在村里忙活的孙茂东，身上的引流管忽然蹿出来了，紧接着开始发烧。在济南住院期间，孙茂东瘦得不到60斤，气力微弱。几位村干部去病房看他，身上插满管子的他还是放心不下家里的事情：幼儿园装修了吗？水街北岸的路施工了吧？党建教育船要抓紧建，村里建公墓的事要勤跑着点……村党支部副书记化明有一一应允完，扭头就抹起了泪。生命最后几天，孙茂东要求回到村里，回到老百姓中间，坐着轮椅把村两委干部叫到党旗雕塑下说了三句话："我对不起全体党员，也对不起伙计（村干部）们，你们要拿村民当自己的亲人对待，我倒了，百姓的靠山不能倒！"

2020年5月31日晚9点38分，孙茂东永远地离开了他工作了30多年的渭河，离开了他深深牵挂的1507名父老乡亲。

十余年来，孙茂东怀着强烈的责任心和事业心，砥砺前行，在为村民服务的大道上一往无前。他总结到："只有始终把群众利益放在第一位，为群众多办实事，办好事，想群众所想，急群众所急，群众才能拥护你。""有困难找茂东"成为村民的口头禅，他用自己的爱岗敬业之心换来了群众对他的信任和支持，用自己的真诚付出赢得了大家的称赞和尊重。

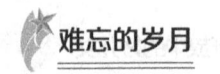

第三节 改革开放时期的好儿女

一、弘扬社会主义核心价值观的著名词作家、剧作家——乔羽

乔羽，1927年11月15日出生于孔孟之乡、礼仪之邦——山东济宁。幼时家庭生活拮据，靠哥哥做店员维持生活。高中期间，当过小学教员。1946年春，18岁的乔羽经共产党地下工作者的引荐，离开家乡秘密进入晋冀鲁豫边区的北方大学就读，开始在报刊发表诗歌和小说，编写秧歌剧。1948年华北联大与北方大学合并为华北大学，乔羽调入华大三部创作室，开始专业创作。1949年加入中国共产党。随着新中国的成立，乔羽先生也开启了他为新中国而歌的创作生涯，创作以歌词和剧本为主。《我的祖国》《人说山西风光好》一经谱曲，广为传唱。1956年与时佑平合作创作电影文学剧本《红色少年行》（即电影《红孩子》），描写了第一次国内革命战争期间，一群儿童成长为革命少年的故事。1960年创作的电影文学剧本《刘三姐》，歌颂了美丽智慧勇敢的民间歌手刘三姐，带有浓郁的地方民族色彩。1964年还参加了音乐舞蹈史诗《东方红》诗词部分的写作。

乔羽先生曾说：一个没有祖国的人，身后一无所有。古今中外，凡伟大的艺术家都是怀着赤子之心的爱国者。吾辈虽说不上伟大，但我们都应当是祖国的赤子，没有理由不热爱祖国，也没有理由不报效祖国。

二、抗疫英雄——张静静

张静静，济宁医学院2005级护理专业毕业生，生前系山东大学齐鲁医院呼吸与危重症医学科主管护师。

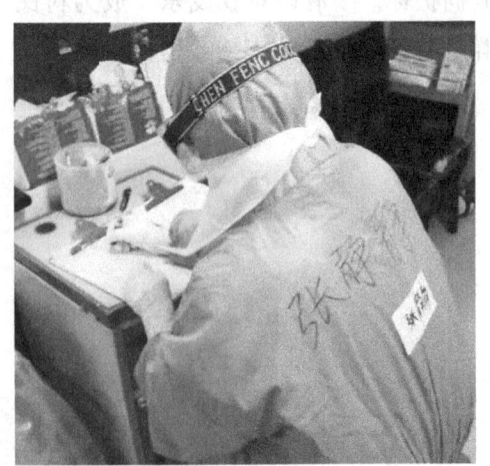

在2020年1月25日大年初一那天，作为山东援鄂医疗队成员奔赴湖北黄冈，投入到新冠肺炎疫情防控的第一线。在黄冈，张静静表现非常出色，她根据山东医护人员与当地患者语言沟通困难的实际情况，挤出时间编写了《医患沟通手册》。还针对多数患者不会使用吸药装置的情况，想出了让患者扫描二维码通过网络学习使用的应对办法。张静静为这次疫情防控做出的贡献，不仅得到了医疗队同事的赞扬，也得到了黄冈当地老百姓的高度认可。她离开湖北前夕，受她救治的老奶奶煮了一篮子鸡蛋，非要她带到路上吃。受她救治的小朋友，精心画了一幅带有很多爱心的手工画，向她表示感谢。

张静静回到山东以后，在宾馆按照规定完成了为期十四天的隔离观察，核酸检查结果呈阴性。令人痛心的是，正当她满怀憧憬，期待回家与久别的亲人团聚的时候，却因突发心脏骤停于2020年4月6日18时58分不幸离世。

本章小结

济宁是一块孕育红色火种的土地，这一方热土，人杰地灵，英杰辈出，孕育了一批又一批前赴后继的英雄儿女，涌现出一个又一个感人至深的革命故事，写下了无数可歌可泣的英雄事迹。无论是炮火纷飞的战争年代，还是强军精兵的和平年代，还是疫情防控阻击战的危急关头，济宁的好儿女们继承先辈的革命精神、牺牲精神，用自己的实际行动诠释忠诚，以自己的无悔奉献彰显担当，使自己的命运与时代同频共振。

随堂测试

一、选择题

1. 马霄鹏向学生们灌输革命思想的教材是（　　）。

A.《狂人日记》　　　　　　B.《子夜》

C.《母亲》　　　　　　　　D.《铁流》

2. 铁道游击队的别称是（　　）。

A. 老虎队　　　　　　　B. 铁道大队

C. 飞虎队　　　　　　　D. 飞车队

3. （　　）打死了特高课长高岗，使日军的谍报网络分崩瓦解。

A. 洪振海　　　　　　　B. 刘金山

C. 王志胜　　　　　　　D. 宋邦珍

4. 电影《铁道游击队》的插曲是（　　）。

A.《我和我的祖国》　　　B.《英雄赞歌》

C.《我的祖国》　　　　　D.《弹起我心爱的土琵琶》

5. "试把铁锥敲劲骨，铮铮犹自有金声"出自（　　）的诗言。

A. 蒋典印　　　　　　　B. 郭影秋

C. 孔祥坦　　　　　　　D. 杨静斋

6. 王杰精神的集中概括（　　）。

A. "三不伸手"　　　　　B. "三个什么"

C. "两个不怕"

7. 当选为1995年"广西十大女杰"的济宁籍军嫂是（　　）。

A. 韩素云　　　　　　　B. 岑艳伶

C. 覃露莹　　　　　　　D. 农向华

8. 被评为全国农业旅游示范点、山东省旅游特色村的是（　　）。

A. 微山桥上村　　　　　B. 微山鲁桥四村

C. 微山傅村　　　　　　D. 微山渭河村

9. 被群众亲切地称为"微山湖上好支书"的是（　　）。

A. 焦裕禄　　　　　　　B. 孙茂东

C. 杨善洲　　　　　　　D. 杨勇

10. 词坛泰斗乔羽先生创作的（　　）传唱至今。

A.《我和我的祖国》　　　B.《东方红》

C.《我的祖国》　　　　　D.《刘三姐》

二、思考题

1. 我们从无数先烈的事迹中该怎么解读理想信念？

2. 我们应该继承和发扬先烈们的什么精神？

3. 观看电影《英雄儿女》后，你有何感想？

三、实践活动

讲一讲你所知道的济宁革命先烈的故事。

第三章

红色文化铸精魂

——济宁革命、建设和改革开放中的红色地标

难忘的岁月

图说

王杰纪念馆

红色文化是中华民族守正创新、笃行致远的精神表征，对新时代培养广大青少年爱国主义、集体主义、社会主义观念，培养他们的民族感情、民族气节，引导他们从小树立远大理想，养成艰苦朴素、吃苦耐劳、奋发向上、自强不息的良好行为习惯，形成正确的世界观、价值观、人生观等，都具有不可替代的作用。作为追寻红色文化记忆、传承红色文化基因的重要载体，济宁革命、建设和改革开放中的红色地标是重要的历史记忆、珍贵的教育资源和宝贵的精神财富，是对广大干部群众，特别是青年学生进行爱国主义教育、党史教育和革命传统教育的重要场所。

济宁是全省乃至全国较早建立中共组织的地区之一，拥有光辉的革命历史和革命遗址。在漫长而严酷的革命斗争中，许多老一辈无产阶级革命家曾在济宁这片热土上"抛头颅、撒热血"，留下无数可歌可泣的革命事迹。建国后，济宁人民继承先烈的优秀传统和红色基因，积极投身经济建设和改革发展，取得了令人瞩目的成就。济宁红色文化遗址指的是济宁红色文化的物质载体，是中国共产党在济宁领导人民群众进行革命斗争、建设、改革开放中留存下来的各种革命建筑旧址、党政军群机构旧址和战争遗址、革命战争遗迹遗物、革命烈士纪念建筑、领袖和名人故居旧居，各个时期修建的革命纪念馆、纪念碑、纪念地、纪念陵园，反映经济发展和改革成果的标志性建筑等具有历史意义的设施。因此，要利用好这些红色文化资源，引导青少年形成社会主义核心价值观，培养青少年的爱国主义品格，让青少年在红色旅游中感悟爱国主义精神。

知识目标：了解济宁革命、建设和改革开放中的红色地标的由来和现况，掌握与遗址相关的历史事件与人物，进一步理解红色文化的内涵。

能力目标：根据本章学习可以向身边人讲述这些红色地标，追寻红色文化记忆、传承红色文化基因。

素质目标： 通过对济宁红色地标相关知识的学习，回顾峥嵘岁月，激发学生对革命先烈的缅怀之情。

思政目标： 通过学习红色地标相关知识，能够进一步加深爱国主义情怀，坚定理想信念，弘扬革命传统和践行社会主义核心价值观。

第一节　山东省文物保护单位
——中共山东省立第二师范支部旧址

中共山东省立第二师范（简称曲阜二师）支部成立旧址位于现曲阜市城区曲阜师范学校校内。

曲阜师范学校始建于 1905 年，初名"曲阜县官立四氏初级完全师范学堂"。1914 年春，定名为"山东省立第二师范学校"，校址在山东省曲阜县城内。1934 年改称山东省立曲阜师范学校，1946 年改称曲阜师范学校。

1921 年 7 月，中国共产党第一次全国代表大会在上海召开，正式宣告了中国共产党的成立。1922 年，中共一大代表王尽美即到曲阜二师从事党的宣传活动。1925 年 3 月，中共山东省地方执行委员会成立。不久，中共山东地方执行委员会即派共产党员杨荫鸿、张观成到曲阜二师开展党的活动。1926 年春，中共山东地方执行委员会派马守愚到曲阜二师发展党的组织。共产党员王伯阳也来到曲阜，在孔庙内宣传共产主义，号召进步学生参加共产党。2016 年夏，中共山东省立第二师范支部成立，隶属于中共山东地方执行委员会领导，是鲁西南地区最早的党组织，马守愚为支部书记。这是现济宁市辖区内建立的第一个中共组织，成为共产党在曲阜早期活动的中心。支部建立以后，大力宣传马列主义，积极发展党组织，至 1927 年先后发展党员 20 多人，逐渐成为当时鲁南、鲁西、鲁中革命活动的中心。与此同时，中国共产主义青年团曲阜二师支部亦宣告成立。

曲阜师范学校校内曲师礼堂与教学楼（含考棚），是当时山东省立第二师范学校的早期建筑。礼堂建于 1925 年，是当时共产党员和进步师生进行集会演讲等活动的主要场所。考棚始建于明代，清代重修，是中共山东省立第二师范支部诞生地。

曲阜师范学校工字楼是当时学校的主教学楼，始建于 1931 年，1995 年重修。2005 年，学校将原中共中央政治局委员、中央书记处书记、国务院副总理、全国人大常委会委员长万里曾经读书的教室按照原样恢复，命名为"万里学习教室"。

难忘的岁月

党支部诞生地——曲阜师范学校考棚

中共山东省立第二师范支部成立旧址，于2006年12月被山东省人民政府公布为山东省文物保护单位；2018年1月被中共山东省委党史研究室公布为山东省第三批党史教育基地。

第二节 全国重点烈士纪念建筑物保护单位 ——羊山革命烈士陵园

羊山革命烈士陵园位于济宁市西南40公里的羊山集，1952年金乡县委、县政府和全县人民为缅怀在鲁西南战役和羊山战斗中英勇献身的革命先烈而建。陵园依山就势建于羊山战斗遗址的主峰羊头之上，气势宏伟，占地面积近500亩。园内主要建有鲁西南战役纪念馆、鲁西南战役全景画馆、王杰纪念馆、碑廊、兵器园、烈士公墓、烈士墓群、刘邓雕塑群等建筑物。1988年被山东省政府批准为"全省重点烈士纪念建筑物保护单位"；2001年被国务院批准为"全国重点烈士纪念建筑物保护单位"；2009年先后被中宣部、国家国防教育办公室批准为"全国爱国主义教育基地"和"全国国防教育基地"。羊山烈士陵园现已成为集褒扬、教育、旅游、服务为一体的大型花园式陵园，是鲁西南地区著名的革命传统教育基地。

羊山革命烈士陵园内建有烈士墓群和烈士公墓。烈士墓群中长眠着在羊山战斗中牺牲的108位有名姓的革命烈士。1974年为发挥其革命传统教育作用，中共金乡县委、县政府在陵园内建成羊山战役纪念馆（舒同题词）并对外开放。1975年，中共金乡县、县委人民政府又在陵园内海拔96米高的羊山"头上"建立人民英雄纪念塔一座，塔高17.5米，正面雕刻着毛泽东亲笔题写的7个鎏金大字——"革命烈士纪念塔"；背面是刘伯承于1952年12月1日为羊山烈士陵园的题词："人民解放军鲁西南战役乃打开了挺进长江的前门，阵亡将士受到人民的纪念永垂不朽"。1986年中共金乡县委、县政府又为在羊山战斗中牺牲的8500多名无名英烈修建革命公墓一座。1996年12月，经山东省民政厅批准，保留羊山革命烈士陵园牌子，同时将"羊山战役纪念馆"更名为"鲁西南战役纪念馆"。1997年7月，在鲁西南战役胜利50周年之际，正式举行了"鲁西南战役纪念馆"揭牌仪式，鲁西南战役纪念馆馆名由曾参加过鲁西南战役的原中央政治局常委，中央军委副主席刘华清亲笔题名。2007年6月又在馆内兴建了一座总长为91米、建筑面积为390平方米的碑廊。2009年，中共金乡县委、县人民政府又将原馆拆除重建。在原馆纪念塔前新设刘邓大型雕像一座。2011年4月完成馆内布展工作并正式开放。新馆规模宏大，占地123亩，总建筑面积6000余平方米。

鲁西南战役纪念馆

鲁西南战役纪念馆分为鲁西南战役陈列馆和鲁西南战役全景画馆两个部分。采用"声、光、电"等现代技术，采取360度全景投影技术布展，再现当年战斗情形，让观者身临其境，重回1947年夏天的羊山集。鲁西南战役纪念馆内陈列着许多珍贵的历史照片、电文、书信等革命文物。其中有毛泽东给刘伯承和邓小平的亲笔电文，刘伯承、邓小平同志过黄河后的合影、挺进大别山途中的照片和参加过鲁西南战役的陈锡联、李德生等五十余位老将军、老领导的亲笔题词，以及有关鲁西南战役的书籍、军战史、影集、录音、录像等历史资料。整个展厅就像一部鲁西南战役全程的缩影，具有很高的教育意义。百米碑廊里陈列了近百幅社会各界知名人士、曾经参加鲁西南战役的老将军及书法艺术家近年来为纪念在鲁西南战役中牺牲的烈士的诗词，具有极高的历史意义及文化艺术价值。

难忘的岁月

拓展阅读　王杰纪念馆

王杰纪念馆是专门为英雄王杰建造的，馆名由原中共中央政治局委员、中央军委副主席张万年亲笔题写，全馆占地69亩，整体建筑面积3000平方米，建筑总高度16.8米，主体建筑由48根支柱支撑而起，寓意横空出世，象征着英雄王杰扑向炸点英勇牺牲的瞬间。馆前有一座用汉白玉雕刻而成的王杰全身雕像，高达6米。馆内展陈内容丰富、资料详实，展品新颖，不少资料是王杰牺牲40多年来从未公开发表过的，情节逼真、动人，并采用了大量高科技展陈手段，具备了国内一流的展馆水平。内一楼序厅的正面从左到右依次分别为党和国家领导人毛泽东、邓小平、江泽民、胡锦涛对王杰精神高度赞扬的题词，以及王杰扑向炸药包英勇牺牲瞬间的大型雕塑；二楼展厅为王杰生平事迹展主展厅，展示了英雄王杰短暂而辉煌的一生。分为"少年时代"、"在部队大熔炉里"、"生死关头奋不顾身"、"英雄的名字传遍中华"、"家乡人民的怀念"、"沿着英雄的足迹前行"六个部分，全景式地再现了王杰光荣的一生。王杰的事迹感人至深，王杰的精神难能可贵，始终在感染着、激励着人们与时俱进、开拓创新、奋力前行，人们用不同的方式诠释着"一不怕苦，二不怕死"的精髓，用实际行动弘扬着王杰精神。王杰纪念馆作为传承王杰精神的重要载体，必将在推进社会主义精神文明建设、加强革命传统教育方面发挥重要作用。

王杰纪念馆新馆外景

羊山是座英雄山，1947年刘邓大军在此发动著名的羊山战役，揭开千里挺进大别山的序幕。1952年，国家在此建起羊山革命烈士陵园，1996年更名为鲁西南战役纪念馆。金乡县把羊山的自然风光与革命传统紧密结合起来，省规划设计院已完成规划设计，总投资1.5亿元，开发五大风景区，打造红色经典旅游品牌。

(1) 羊山湖景区。以奇特的400亩山中湖为载体，保护整合现有山石资源，新建楼台亭阁、游艇码头、儿童乐园等；高标准建设汉阙大门、汉街，维护修缮具有300多年历史的羊山商业街和古居民。

(2) 民俗文化区。挖掘修复全国罕见的上万个古墓组成的汉墓群，重建崇德寺、新建汉代平民生活展览馆、鲁南民俗展览馆、《三十六计》展示馆和李白手书壮观碑亭。

(3) 葛山湖景区。以葛山湖为载体，保护整合现有山石资源，利用葛山丰富的化石资源，建设中华奇石化石地质展览馆。

(4) 生态观光区。在羊山湖与葛山湖之间开挖彭越湖，从而使三湖贯通相连，在湖的两岸规划建设万亩现代生态观光示范园。把羊山建设成为集教育、旅游、休闲、观光、娱乐为一体的休闲度假旅游圣地。

羊山古镇北依水泊梁山，南接刘邦故里，东临微山湖区，西邻牡丹之乡，地理位置优越，气候宜人，交通便利。金乡县委、县政府根据济宁市旅游发展总体规划和金乡县旅游开发建设总体规划，依托丰富的红色旅游资源全力打造出以山水、古镇为景观基底，以军事旅游、古镇文化体验为主题，辅以田园观光、文化展示、体育拓展等活动，满足大众体验观光和中高端群体休闲需求的大规模、综合性旅游景区。

传承红色基因，助力经济发展，羊山只是众多生动事例中的一个，在济宁各县域的发展中红色文化已成为一张靓丽的名片，成为一座城市独特气质的积淀。在这片儒风雅韵荟萃的土地上，老区人民正以昂扬的精神面貌，奋斗在新时代的伟大征途上，不忘初心，砥砺前行，为美好幸福的新生活而努力奋斗。

第三节 山东省国防教育基地——微山湖英烈纪念园

微山湖英烈纪念园位于济宁市微山县县城西郊。微山湖英烈纪念园原名为微山县烈士陵园，始建于1982年。2002年、2005年先后两次改建、扩建后更名为微山湖英烈纪念园。微山湖英烈纪念园占地面积3.3万平方米，绿化面积1.6万平方米。园内主要有微山湖抗日游击大队纪念碑、微山湖区抗日纪念馆、微山县烈士英名碑及著名烈士墓区、微山湖区革命历史纪念馆、微山县政协文史馆。

微山湖抗日游击大队纪念碑于2002年9月奠基，2004年7月竣工落成。纪念碑为剑型建筑和人物雕像组成，主碑体高37.77米，寓意1937年7月7日抗日战争全面爆发的时间；碑座边长45米，寓意1945年抗日战争胜利的时间；纪念碑四镶嵌有八块浮雕，展现了抗日战争时期微山湖区军民并肩作战、抗击日军的场面。

难忘的岁月

微山湖抗日游击大队纪念碑

微山湖区抗日纪念馆的建筑面积为1100平方米，展览面积为3500平方米。主要展出抗日战争时期在微山湖区发生的著名战斗故事及游击队护送中央首长过往微山湖等史实。抗日战争时期过往微山湖的刘少奇、陈毅、罗荣桓、肖华、朱瑞五位革命领导人的塑像安放在纪念馆门厅中央。

微山县烈士英名碑上镌刻有全县在土地革命时期、抗日战争时期、解放战争时期和建国后牺牲的1100名烈士的姓名。碑前环立八根六边形石柱，象征着八年抗日，每根石柱上刻有两幅以褒扬追思烈士为内容的楹联。

全县56名著名烈士碑安放在著名烈士墓区内，供世人瞻仰凭吊。

微山湖区革命历史纪念馆于2005年由北堂楼改建而成，建筑面积120平方米，展览面积300平方米，主要展出了湖区革命武装发展及革命斗争历史事件。

微山县政协文史馆于2007年在微山湖英烈纪念园北侧落成。

微山湖英烈纪念园

微山湖英烈纪念园于 2005 年 7 月被共青团山东省委公布为全省青少年教育基地，2006 年 5 月被共青团中央公布为全国青少年教育基地，2007 年 6 月被山东省人民政府、山东省军区公布为山东省国防教育基地。

知识链接　微山湖反顽战役

1944 年 7 月，中共中央军委指示，为策应太行、太岳部队向河南省敌后进军，并配合新四军第四师向淮北地区发展，决定由山东军区司令员兼政委罗荣桓统一指挥鲁南和湖西部队，发起微山湖反顽战役。

7 月 8 日，鲁南军区政委王麓水率 5 个主力连和鲁南独立支队西进，先在湖西程子庙消灭顽山东挺进军三十六纵队周同部，后又在湖东邹县石墙南高庄歼灭顽马广汉部。从 7 月 30 日至 8 月 18 日，冀鲁豫部队以第十一军分区九团、十团为主，第九军分区骑兵团、第十军分区二十一团等部及湖西各县地方武装协同，由第十一军分区司令员王秉璋、政委潘复生统一指挥，在沛（县）、鱼（台）边先后攻克龙堌集、卞庄、姚桥、魏楼等据点，歼顽第三十三、三十七、三十五、三十六纵队，并攻克黄体润部驻地辛范庄。战役第一阶段结束。

为进一步打开湖西局面，乘胜向徐州附近的铜山、萧县、丰南、沛南一带残敌进击，冀鲁豫军区又组成南北 2 个纵队，分别由第八军分区司令员曾思玉、第十一军分区司令员王秉璋率领，在军区副司令员杨勇统一指挥下，于 9 月 10 日展开第二阶段的作战。24 日，攻克耿继勋之据点李单楼，歼灭其 1800 余人。又俘国民党江苏省第九专署专员董汉槎以下 1000 余人，击溃砀山顽军窦雪岩部。至此，战役胜利结束。徐州西北地区之国民党地方顽军被冀鲁豫部队歼灭、击溃达 1.1 万余人，残敌 3700 余人流窜于陇海路南敌占区。此役历时 2 个月，解放了湖西湖东纵横百余里区域，抗日人民军队完全控制了湖西这一由华中通往华北的门户，开辟了华山、砀山、沛县、沛铜 4 个县，并建立了抗日民主政权，使湖西根据地与暨南根据地连成了一片。

在此次战斗中，八路军主力部队和鲁南、湖西地方武装，不怕牺牲，英勇顽强，团结战斗，以少胜多。湖西、鲁南万余名民兵不辞劳苦，不怕牺牲，圆满地完成了支前和抢救伤员的任务，部分民兵还直接参战，截公路、扒桥梁，切断敌军退路，有力地配合主力部队作成，为取得微山湖反顽战役的胜利作出贡献。

难忘的岁月

第四节　梁山歼灭战遗址纪念园

梁山歼灭战遗址纪念园包括1955年修建的梁山革命烈士陵园和2012年建设的梁山歼灭战纪念馆两部分组成，分别位于梁山县越山路5号和梁山县水泊街道独山村。

梁山歼灭战遗址

梁山歼灭战纪念馆区占地约7500平方米，由半包围的主体场馆和中央标志塔组成，标志塔共3层，高20米，底层为纪念馆的特殊展厅，上面两层为高科技多媒体展厅。标志塔采用强调竖直方向的构件围绕圆形塔楼的方式构成，单纯的形体体现出强烈的纪念性，竖向构件的形态象征着战士们用来保卫国家和人民的武

梁山歼灭战纪念馆区

器——长枪，同时也是为国捐躯的将士们的化身，他们簇拥成一团，紧紧团结在一起抵御外敌。目前在梁山歼灭战纪念馆保存的战斗遗物有缴获的日军战刀、头盔、腰带和八路军战士部分遗物等。被山东档案馆收藏的有1941年5月10日《大众日报》关于梁山歼灭战中俘虏日军的口述，罗荣桓、陈光指挥战斗的珍贵照片等。

梁山革命烈士陵园占地面积41余亩，座落在水泊梁山之青龙山南麓。整个陵园背倚青龙山，南望虎头崖，塔碑高耸，绿草如茵，苍松翠柏，郁郁葱葱，极为壮观。园内分瞻仰区、烈士墓区、绿化区三部分。瞻仰区建有革命烈士纪念塔、烈士纪念馆、梁山战斗纪念碑、晋冀鲁豫边区参议员杨静斋烈士碑、张秋县殉难烈士纪念碑、民族之光碑及凉亭等；烈士墓区安葬着816位烈士的遗体，遍植了松柏和多种树木；绿化区栽有月季、牡丹、芍药等花卉。

梁山革命烈士陵园

革命烈士纪念塔，系1957年修建，是陵园的中心建筑。塔的总高为25.5米，塔顶上镶嵌着直径为0.9米的五角红星；塔的正面竖书"革命烈士纪念碑"七个镏金大字；东面有中共梁山县委的题词："白骨换来胜利果，鲜血育成自由花"；西面是梁山县人民政府的题词："革命烈士的英灵永远活在人民心中"；背面是梁山县兵役局的题词："为人民的解放事业而奋斗的精神永垂不朽"。塔座对联"梁山石畔借书革命事例，人民心里永念烈士遗风"。

梁山歼灭战遗址于1972年9月被公布为梁山县"县级重点文物保护单位"，2001年3月被济宁市人民政府公布为"市级文物保护单位"，2015年6月被公布为山东省"省级文物保护单位"，2015年8月被国务院列入第二批抗战遗址名录。

难忘的岁月

革命烈士纪念塔

知识链接　晋冀鲁豫边区参议员杨静斋烈士简介

杨静斋（1888~1942），名修稳，字安亭，别号静斋，外号杨胡子，1888年生于东平县杨堤口村（今梁山县小安山镇杨堤口村）。1913年，杨静斋考入北平大学法律科，毕业后，任安丘、束鹿、阳谷县承审员，积极支持家乡的各项革新活动，主持正义，秉公办理，忠于职守，疾恶如仇，同反动军阀、贪官污吏进行斗争，深孚众望。

抗日战争时期，他是梁山一带地方武装领导人，曾在梁山一带东北部动员组织地方抗日武装，使抗日队伍得以迅速发展。1939年3月，八路军东进支队到达鲁西郓城、梁山一带，他精神更加振奋，日夜操劳，动员青年参军参战，在杨勇司令员的领导下，成立了独立五营，使梁山一带的抗日气氛空前高涨。1939年11月，为了加强对东平湖西地区抗日斗争的领导，在湖西筹备建立了办事处，并创办了《新东平报》，杨静斋参加了办事处工作。1940年4月，杨静斋被选为鲁西行政主任公署委员，在行署支持下，提出和领导了为民请命、为民造福的彻底治理东平湖，扩大耕地5000余亩。1941年7月，鲁西与冀鲁豫两区合并后，任晋冀鲁豫边区参议会冀鲁豫办事处驻会委员。1942年9月27日，在与日军的激战中，不幸以身殉国。1946年1月，冀鲁豫边区政府和临时参议会冀鲁豫办事处暨五县群众公议，在安民山为杨静斋先生修墓立碑——"名馨湖山",以纪念梁山抗日民族英雄——杨静斋先生。1989年4月,梁山县委员会、梁山县人民政府把杨静斋的墓碑由小安山迁址到梁山县烈士公园,供世人敬仰,弘扬中华民族精神,为实现中华民族的伟大复兴而努力。

第五节　城区爱国主义教育基地和党员教育基地——济宁烈士陵园

济宁烈士陵园位于济宁市市中区太白东路31号。济宁烈士陵园始建于1946年7月,原名"冀鲁豫边区革命烈士陵园"。1950年2月在原址重建,并更名为"济宁烈士陵园",占地面积15.6亩。

济宁烈士陵园

陵园内主要建筑有烈士纪念堂、济宁解放史展室、烈士骨灰存放室等,所有建筑物占地面积340平方米。陵园内现存有"冀鲁豫边区革命烈士陵园奠基"石碑一块。

济宁烈士陵园长眠着为济宁、嘉祥、郓城、巨野解放而牺牲和为共和国建设而献身的328名革命烈士。其中较著名的有:景建忠烈士,1948年7月18日在攻打济宁城的战斗中壮烈牺牲,时任三纵队二十三团团长,年仅28岁;孙文轩烈士,1946年1月9日在第一次解放济宁城的战斗中壮烈牺牲,时任晋冀鲁豫军区第七纵队二十旅五十八团一营营长,年仅27岁;苏德元烈士,1946年1月济宁城第一次解放时任济宁二区区长,1947年春不幸被国民党还乡团抓捕,英勇就义,年仅28

岁;另有王杰班班长霍兆臣烈士,还有1986年参加对越自卫反击战并荣立一等战功的刘满朋烈士,等等。陵园内共立有名烈士墓14座,陈列室陈列着70名烈士遗像及生平简历,烈士骨灰存放室安放着30位烈士的骨灰。

济宁烈士陵园于2008年4月被济宁市市中区区委、区人民政府公布为城区爱国主义教育基地和城区党员教育基地。

第六节　省级爱国主义教育基地——济宁市博物馆

济宁市博物馆老馆

济宁市博物馆老馆位于济宁市任城区古槐路38号,始建于1985年5月。馆内收藏文物1万多件套,包括铜器、陶器、瓷器、玉珍、书画等十几个大类,其中国家一级文物53件套,二级文物50件套,三级文物407件套。济宁市博物馆馆舍占地31亩,由两部分组成。东部为铁塔寺古建筑群,始建于北齐皇建元年(公元560年),1988年被国务院公布为全国重点文物保护单位;西部为仿古建筑,占地面积2万平方米,馆舍总建筑面积1.1万平方米,其中主展楼8831平方米,是一处古建筑与仿古建筑有机结合的建筑群体,规模蔚为壮观。

铁塔寺古建筑群

济宁市博物馆现为省级文明单位、省级爱国主义教育基地。济宁市博物馆馆藏汉碑之多在全国独一无二，享有"天下汉碑半济宁""济宁汉画甲天下"的美誉，其中"景君碑""郑固碑""武荣碑""鲁峻碑"等均为汉碑精品，对于研究汉代历史和书法艺术具有重要意义，"孔子见老子"汉画像石更是享誉国内外，是济宁市博物馆的一张特色名片。通过多年的考古发掘、社会征集及捐赠等方式，馆藏文物数量现已达16万件套。

济宁市博物馆新馆

2019年9月29日，济宁市博物馆新馆正式开放。新馆位于济宁市太白湖新区文化中心，坐落于风景秀丽的太白湖畔，由世界著名建筑设计大师马里奥·博塔主持设计。整体建筑由几何形叠加而成，总建筑面积2.7万平方米，结构形式为框架架构，层数为地上四层，建筑高度29.3米。16万件套珍贵藏品在新馆找到了更加安全、可靠的归宿。

难忘的岁月

济宁市博物馆新馆展区

新馆陈列展览区常设五个大型固定展览，有以反映始祖文化、邹鲁文化、儒家文化、水浒文化为主线的历史文明展；有以展示"天下汉碑半济宁""济宁汉画甲天下"为主旨的石刻艺术展；有以反映京杭大运河贯穿济宁史实为基础，以弘扬运河文化、振兴济宁经济为宗旨的运河文化展；有展示济宁古老大地上现存的反映优秀传统文化的代表性遗存的人文胜迹展；还有以数字化手段展示当代美丽济宁的具有临场性、交互性、参与性特点的数字济宁展。现今，济宁市博物馆已成为充分保护利用济宁市优秀历史文化资源、全面实现博物馆社会教育功能的综合场所和崭新平台。

第七节　山东省科普教育基地——济宁城市展示馆

济宁城市展示馆坐落于济宁市太白湖新区，总建筑面积约1.6万平方米，共三层，由中国工程院院士崔愷主持设计。济宁城市展示馆是市委、市政府投资建设，由济宁市自然资源和规划局负责管理运行，是集城市展示、科普教育、学术交流于一体的综合性城市展示馆。

展示馆外观造型优雅稳重，寓意丰富，各展厅设计为独立的"城"，串联在具有中国传统建筑特色的"大屋顶"下，象征着济宁都市区城市群"葡萄串"式区域城市空间结构。

济宁城市展示馆外景

进入正门是城市客厅，有太白楼、铁塔寺等一些济宁知名并带有浓厚历史文化底蕴的浮雕墙。浮雕墙由西向东依次展示了古运河千帆竞渡的繁忙景象，总督衙门的气派威严，太白楼、慈孝牌坊、铁塔寺、声远楼和东大寺的盛世辉煌。

人文历史与建筑历程

随后，穿过一道"时光之门"，追溯济宁历史沿革和城市空间形态变迁的发展历程，讲述济宁历史人文与建筑的旧石器时代晚期的细石器时代、新石器时代、夏商周时期、汉唐时期、宋朝至民国和建国后等6个阶段。

布展设计以"孔孟之乡、运河之都、文化济宁"为主题，设序厅、人文济宁、古邑春秋、泱泱文脉、建设成就、综合交通、生态宜居、水城秀色等八大展区36个展项；展馆将声光电技术融入展示环节，采取图文写真、模型陈列、多媒体演示、查询屏、全息投影、电子翻书等科技手法，全方位、多角度地展示了济宁深厚文化底蕴、城市发展历程、新时期建设成就和璀璨的未来，谱写了一首"水、文、人"的和谐乐章。

难忘的岁月

馆内展示济宁明清时期的竹竿巷

展示馆开馆运行以来，先后组织开展和承办了"城市文化讲坛"系列公益讲座、创建全国绿化模范城市专题展览等系列活动数百场次；荣获了"全国五四红旗团支部""山东省青年文明号""山东省科普教育基地""济宁市爱国主义教育基地""市文明单位""市直机关过硬党支部""市直先进基层党组织""国家级AAA旅游景区"等荣誉称号，得到了各级领导及社会各界的广泛关注和好评。

本章小结

本章概述了中共山东省立第二师范支部成立旧址、羊山革命烈士陵园、微山湖英烈纪念园、梁山歼灭战遗址纪念园、济宁烈士陵园、济宁市博物馆、济宁城市展示馆等济宁红色地标的由来和现况，介绍了与红色地标相关的历史事件与人物。保护好、利用好这些历史文化遗产，把济宁红色文化地标打造成重温党的历史、缅怀革命先烈、开展爱国主义教育和革命传统教育的重要场所，对于宣传济宁的光辉革命历史，弘扬革命传统和践行社会主义核心价值观将具有十分重要而深远的意义。

随堂测试

一、选择题

1. 济宁市现辖区第一个党组织是（　　）。
A. 中共金乡县第一高小支部　　B. 中共邹县委员会
C. 中共丁庄支部　　D. 中共山东省立第二师范支部

2. 鲁西南战役纪念馆位于（　　）县羊山镇王杰路与纪念馆路之间。
A. 汶上　　B. 曲阜

C. 金乡 D. 邹城

3. 鲁西南战役纪念馆于 1992 年 4 月被山东省人民政府、山东省文物局公布为全省重点文物保护单位，2009 年 9 月被中共中央宣传部公布为（　　）。

A. 全国爱国主义教育基地　　B. 全国青少年教育基地

C. 国防教育基地　　D. 党史教育基地

4. 鲁西南战役纪念馆内陈列着许多的珍贵的历史照片、电文、书信等革命文物，其中有（　　）给刘伯承、邓小平的亲笔电文。

A. 刘少奇　　B. 毛泽东

C. 陈毅　　D. 周恩来

5. 毛泽东、周恩来、朱德、董必武、陆定一等领导人或发表讲话或挥毫题词，高度评价王杰的（　　）精神。

A. "坚定信念，艰苦奋斗"　　B. "乐于吃苦，不惧艰难"

C. "不怕流血，坚忍不拔"　　D. "一不怕苦，二不怕死"

6. 目前在梁山歼灭战纪念馆保存的战斗遗物有缴获的日军战刀、头盔、腰带和八路军战士部分遗物等。被山东档案馆收藏的有 1941 年 5 月 10 日《大众日报》关于梁山歼灭战中俘虏日军的口述，（　　）、陈光指挥战斗的珍贵照片等。

A. 肖华　　B. 杨静斋

C. 罗荣桓　　D. 朱瑞

7. 梁山歼灭战遗址于 2015 年 8 月被国务院列入（　　）。

A. 重点文物保护单位　　B. 全国爱国主义教育基地

C. 全国青少年教育基地　　D. 第二批抗战遗址名录

8. 参观红色景点或者红色根据地对你来说收获与意义是什么？（多选）

A. 重温革命史实，正视历史荣辱

B. 缅怀革命烈士，寻根革命情怀

C. 开阔视野，学会从历史的角度看待当今社会的问题

D. 体会不畏艰苦、拼搏奉献的红色精神并从中获得启发，指导个人生活

二、思考题

1. 济宁市第一个中共组织是哪一年在何地建立的，组织的名称是什么？

2. 结合金乡县羊山镇红色旅游开发的事例，你觉得开发红色文化资源，发展红色文化产业对于当地经济发展有何推动作用？

3. 红色遗址对新时代高校立德树人有何重要作用？

4. 以上革命遗址，你参观过哪些？谈一下你参观后的心得体会。

5. 参观红色革命遗址对于弘扬红色文化的意义有哪些？

三、实践训练

走进一处济宁地区红色教育基地做实地调研,讲述其在红色文化传承中的特殊作用。

第四章

传承红色文化基因，坚定"四个自信"

难忘的岁月

图说

油画《启航》（何红舟 作）

1921年7月23日，中国共产党第一次全国代表大会在上海石库门开幕，8月3日在嘉兴南湖的一艘游船上胜利闭幕，庄严宣告了中国共产党的诞生。这艘游船因而获得了一个永载中国革命史册的名字——红船，中国共产党的建党精神因此也被称为红船精神。红船精神是党的初心的最早表达，也是新时代实现民族复兴的强大精神力量。2005年6月21日，时任中共浙江省委书记的习近平同志在《光明日报》发表《弘扬"红船精神"，走在时代前列》一文，首次公开提出"红船精神"这一概念，并对"红船精神"的内涵进行了准确的概括和详细的阐释：开天辟地、敢为人先的首创精神，坚定理想、百折不挠的奋斗精神，立党为公、忠诚为民的奉献精神。可以说，红船精神是中国革命精神之源，是中国革命精神的"基因密码"。"红船精神"同井冈山精神、长征精神、延安精神、西柏坡精神等一起，伴随中国革命的光辉历程，共同构成党在前进道路上战胜各种困难和风险、不断夺取新胜利的强大精神力量和宝贵精神财富。

2021年是中国共产党成立100周年，立足党的百年历史新起点，面对中华民族伟大复兴战略全局和世界百年未有之大变局，完整、系统地学习党史才能够深刻理解中国共产党为什么"能"、马克思主义为什么"行"、中国特色社会主义为什么"好"等重大理论问题。习近平总书记十分重视在全党开展党史学习教育，将党史学习教育的主要内容概括为16个字，即"学史明理、学史增信、学史崇德、学史力行"。习近平总书记的足迹遍及革命老区和革命圣地，重温红色记忆、讲述感人故事、阐释党史启迪，为全党树立了光辉典范。

作为新时代的大学生要从百年党史产生的优良传统、红色基因中汲取思想道德营养，坚定信念，传承红色基因，继承发扬党的优良传统，深刻认识红色政权来之不易、新中国来之不易、中国特色社会主义来之不易，深刻认识中国共产党为什么"能"、马克思主义为什么"行"、中国特色社会主义为什么"好"，不断坚定"四个自信"，不断增强爱国心、报国情、强国志，在实现中华民族伟大复兴的大业中贡献自己的力量。

知识目标：了解学史明理、学史增信、学史崇德、学史力行的含义。

能力目标：能够树立正确党史观，深刻理解中国共产党为什么"能"、马克思主义为什么"行"、中国特色社会主义为什么"好"等重大理论问题。

素质目标：以史为鉴，提升自身思想道德素质，激发爱国情感、历史责任感、民族文化认同感，内化为爱国情、报国情、强国志。

思政目标：增强青年学生对中国共产党、中国特色社会主义的认同感，坚定中国特色社会主义的道路自信、理论自信、制度自信、文化自信。

第一节 学史明理，汲取智慧力量

党的历史是最生动、最有说服力的教科书。百年来，中国共产党从只有50多名成员发展成为拥有9100多万党员的世界第一大党，成就之辉煌举世瞩目，历程之艰辛世所罕见，经验之宝贵百世不磨。百年党史既是一部砥砺奋进史，又是一部道路选择史，还是一部信念锻铸史。我们党历来重视党史学习教育，注重用党的奋斗历程和伟大成就鼓舞斗志、明确方向，用党的光荣传统和优良作风坚定信念、凝聚力量，用党的实践创造和历史经验启迪智慧、砥砺品格。

2021年是中国共产党成立100周年，立足党的百年历史新起点，面对中华民族伟大复兴战略全局和世界百年未有之大变局，完整、系统地学习党史才能够深刻理解中国共产党为什么"能"、马克思主义为什么"行"、中国特色社会主义为什么"好"等重大理论问题。习近平总书记在党史学习教育动员大会上提出，"全党同志要做到学史明理、学史增信、学史崇德、学史力行"。"明理""增信""崇德""力行"这四个词在这里不是一个简单的排比，而是一个紧密相连、环环相扣的逻辑链条。在这个逻辑链条中，"学史明理"是一个起点，具有基础性作用。简单来说，通过对党的历史和理论创新成果的学习，思想弄通了，就能更加深刻领会中国共产党为什么"能"、马克思主义为什么"行"、中国特色社会主义为什么"好"的道理。明白这些道理，我们将从光辉党史中汲取奋进的智慧和力量，增强前行的信心和动力。

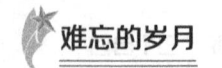

一、学史明理，深刻明白中国共产党为什么"能"的基本道理

党兴则国兴，党强则国强。中国人民在中国共产党领导下，创造了三个世所罕见的伟大奇迹。一是创造了世所罕见的经济发展奇迹。用几十年时间走完了发达国家几百年走过的工业化历程，这是人类发展史上的一大奇迹；二是创造了世所罕见的政治稳定奇迹。经历复杂而又剧烈的经济社会变革过程，我们保持了中国政治体系和社会秩序的长期总体稳定；三是创造了世所罕见的民生改善奇迹。回顾百年奋斗史，中国共产党完成了一个又一个被认为不可能完成的任务，创造了一个又一个彪炳史册的人间奇迹。正如习总书记所言："只要我们深入了解中国近代史、中国现代史、中国革命史，就不难发现，如果没有中国共产党领导，我们的国家、我们的民族不可能取得今天这样的成绩。"

（一）中国共产党之所以"能"，就在于自身的先进性

世界政党发展史告诉我们，没有先进理论的指导，没有用先进理论武装起来的政党的领导，是不可能长久兴旺发达的。中国共产党是在马克思列宁主义与中国工人运动相结合的过程中诞生的，先进性是党的本质属性。在百年奋斗历程中，无论是处于顺境还是逆境，我们党从未放弃马克思主义这一科学真理的指导，从未动摇对共产主义的信仰。始终把马克思主义作为自己的行动指南，始终坚守理想信念，始终憧憬美好社会理想，是中国共产党能够始终走在时代前列、经受住各种风险考验、完成历史使命的制胜密码。一个占世界人口五分之一的社会主义大国，在中国共产党的领导下，从一穷二白的起点出发，一跃变成世界第二大经济体和最大的货物贸易国，使7亿多人脱贫，创造了世界上最大的中产阶层，形成了世界上最完整的产业链，进入了世界第四次工业革命的第一方阵。中国共产党是怎么创造这个奇迹的？

中国共产党是一个"整体利益党"。它代表人民整体利益，不是西方模式下的"部分利益党"。西方政党理论一般认为，社会由不同的利益团体组成，各有自己的代表，所以需要多党制。胜出的政党通过竞选和票决制获得统治的合法性，实现国家和社会的整合。但在今天，这种模式使越来越多的国家陷入四分五裂，英国、美国等西方大国的社会都严重分裂，更不用说众多第三世界国家。中国共产党通过一系列制度创新，特别是党的群众路线、统一战线、民主集中制等，使中国人民形成了最广泛的社会共识，然后"撸起袖子一起干"。中国共产党能够克服既得利益的阻挠，不停推进各项必要的改革；能够较为稳妥地处理一个超大型国家发展过程中必然遇到的各种挑战，如稳定、改革与发展的关系，中央与地方的关系，沿海与内地的关系，城市与农村的关系，不同民族的关系等。这一切都是"部分利益党"难

以做到的。

中国共产党是一个"使命担当党"。正如习近平总书记指出的:"我们党从成立那天起,就肩负着实现中华民族伟大复兴的历史使命。我们党领导人民进行革命、建设和改革,就是要让中国人民富裕起来,国家强盛起来,振兴伟大的中华民族。"西方"选举政治党"关心的是竞选,而今天西方模式下的竞选越来越演变为政治营销,大家拼金钱、拼表演、拼空谈、拼政治极端化,结果导致民粹主义泛滥、短视政治猖獗、社会四分五裂、国家发展无力。中国共产党以人民为中心,以国家整体利益和长远利益为旨归,以民族复兴为使命。从这个角度出发,可以更好地理解为什么毛泽东同志提出要"追赶"和"超越"美国;更好地理解邓小平同志提出的中国的现代化要分三步走,最终在21世纪中叶成为社会主义发达国家,并对全世界证明社会主义制度比资本主义制度优越;更好地理解习近平总书记一再强调的实现中华民族伟大复兴。

中国共产党是"领导核心党"。中国共产党高举民族复兴和人类解放的旗帜,是中华民族的先锋队。在民族复兴的历史进程中,党负责制定落实各项方针政策,负责协调处理各种难以避免的矛盾。中国共产党是中国现代化事业的领导核心和中流砥柱。在党的领导下,70年间,中国成功制定和完成了一个又一个"五年规划",成功指挥了一个接一个的发展战役,从土地改革到妇女解放,从"两弹一星"到世界最大规模的高铁网,从建立经济特区到加入世贸组织,从浦东开发到共建"一带一路",从经济新旧动能转换到迈入第四次工业革命第一方阵。这些使中国在世界范围内获得了尊重与肯定。

(二)中国共产党之所以"能",关键在于其自身的人民性

马克思主义认为,无产阶级的运动是为绝大多数人谋利益的独立的运动,无产阶级政党是为绝大多数人谋利益的政党。我们党自诞生之日起就是中国最广大人民根本利益的忠实代表,并一以贯之地为人民谋幸福。中国共产党之所以"能",就在于没有自己的特殊利益,始终把人民利益摆在最高位置。

什么是共产党?共产党就是自己有一条被子,也要剪下半条给老百姓的人。党的百年历程,既诠释了全心全意为人民服务的根本宗旨,也镌刻着人民对党的支持和依赖。人民立场是中国共产党区别于其他一切政党的显著标志。革命战争年代,李大钊、方志敏、赵一曼等无数革命先烈为争取民族独立和人民解放前赴后继、抛洒热血。据1945年党的七大时的初步统计,北伐战争、土地革命战争及抗日战争时期,在战场上牺牲了76万多人,其中共产党员32万多人,占将近一半。在党的百年历程中,共产党人为了人民的利益,前赴后继地进行了艰苦卓绝的斗争,付出了巨大牺牲。全国仅有据可查的烈士就达370多万人。近代以来,没有一个政党能

难忘的岁月

像我们党这样，能为了人民的利益作出如此巨大的牺牲。共产党人用鲜血和生命践行了"为党和人民牺牲一切"的铮铮誓言，才赢得了人民的强有力支持。

扩展阅读 29岁的红军师长，断肠明志

油画作品《红军师长陈树湘》

陈树湘，原名陈树春，1905年1月出生，湖南长沙人，出身贫苦佃农家庭。在毛泽东、何叔衡等共产党人的影响下，他接触并选择了马克思主义，并在1925年加入中国共产党。1934年，红军第五次反"围剿"失败，中央红军被迫撤离根据地，踏上漫漫长征路。仅仅一个多月，红军便连续突破国民党三道封锁线。为了将红军堵在湘江，蒋介石调集30万兵力在湘江两岸布下绝杀之阵，陈树湘率领红三十四师担负最危险的"断后"任务。湘江战役打响后，陈树湘率领官兵死守阵地，与数十倍于己之敌鏖战4天5夜，直到中央红军主力渡过湘江。伤重被俘的陈树湘绞断自己的肠子，实现了他"为苏维埃新中国流尽最后一滴血"的铮铮誓言。

他参加了毛泽东领导的秋收起义，负责过毛泽东、朱德等领导人的警卫工作，率部参加了中央苏区历次反"围剿"作战。在创建井冈山革命根据地和中央苏区的斗争中，陈树湘身经百战，屡建奇功，逐步成长为红军的一位优秀指挥员。11月25日，中革军委下达了强渡湘江的命令。在党和红军生死存亡的紧要关头，红三十四师临危受命，担任全军后卫，掩护主力红军抢渡湘江。受领任务后，陈树湘率领全师以急行军速度赶往湘江，与尾追之敌频频接火。为了确保党中央和中央军委及中央红军主力抢渡湘江成功，陈树湘率领官兵与数十倍于己的敌人殊死激战四天五夜，用鲜血与肉体筑成了一道钢铁般的阵地，全师由原来的5000多人锐减到不足1000人。12月10日，陈树湘带领队伍来到渡口抢渡牯子江。刚到江心，队伍就遇到当地民团的猛烈攻击，陈树湘不幸腹部中弹受伤。因为绷带、药品奇缺，战士们只能为他做了简单包扎，在庙里休息了一夜后，用担架抬着他行军。他躺在担架上仍在

指挥战斗，突破敌人重重堵截，向道县四马桥方向前进。天寒地冻，缺衣少食，仅剩百余人的红三十四师又遭到阻击。

"冲出一个算一个！"陈树湘决定带人掩护，由参谋长带领余部突围。两天后，负责掩护的两个班战士先后牺牲，他怕拖累大家，命令幸存的2名警卫员、1名修械员赶紧冲出包围圈，不要管他。3名战士哪肯舍下他们的师长，强行把陈树湘抬上担架，就地隐蔽在一个岩洞里养伤。

又过了五天，敌保安团漫山遍野搜山，陈树湘率3名战士冲出岩洞，与敌人再次激战，打光最后一颗子弹后不幸被捕。敌人得知抓到一名红军师长后，欣喜若狂，开始大献殷勤。道县保安团一营营长何湘命令将陈树湘抬到一间布铺里，为他找医送饭，企图从陈树湘口中得到红军的情报。面对敌人的威逼利诱，陈树湘毫不动摇，拒医绝食，坚持斗争。

何湘问他："你们有多少红军？"陈树湘轻蔑地回答他："湖南都是。"何湘又问："你杀过我们多少人？"陈树湘自豪地说："我参加红军打过数百仗，受了十几处伤，为人民消灭了不少害人虫。"他还大义凛然地告诉敌人："你们抓住一个陈树湘，这算不了什么，全国还有千千万万个共产党员和红军战士，革命的烈火，你们是永远扑不灭的！"何湘气得额头上青筋直暴，却毫无办法。看到陈树湘身体越来越虚弱，生命垂危，为了留下一个活着的红军师长邀赏，第二天拂晓，敌人就抬着陈树湘去道县县城。当行至道县蚣坝镇石马神村时，陈树湘乘敌不备，在担架上忍着剧痛，从伤口处掏出自己的肠子，大喊一声，将肠子用力绞断，壮烈牺牲，实现了他"为苏维埃新中国流尽最后一滴血"的誓言，年仅29岁。

湘江，在1934年的那个冬天，险些阻断了中国革命的前程。湘江一战，中央红军由长征出发时的8.6万余人锐减至3万余人。湘江战役后，整个江面密密麻麻漂浮的都是红军的遗体，以至于当地流传着这样的民谣："三年不饮湘江水，十年不食湘江鱼。"战火硝烟散去，在和平的今天，人们不禁要问：漫漫长征路上，前有强敌、后有追兵，天上还有敌机轰炸，但敌人为什么就是挡不住"红色的激流"？一个重要原因就是，有千千万万个陈树湘式的红军将士，不论身处什么危险境地，始终不畏牺牲、英勇战斗、从不退缩。习主席多次指出："共和国是红色的，不能淡化这个颜色。"在革命征途上，无数个陈树湘式的革命先烈，用鲜血写就了我们的历史。铭记这些红色故事，回看走过的路，远眺前行的路，才能弄清楚我们从哪儿来、往哪儿去。

中国共产党百年历史，就是我们党为人民谋幸福的奋斗史，也正是印证了习总书记强调的"江山就是人民，人民就是江山"这一庄严承诺，彰显了我们党全心全意为人民服务的根本宗旨。十八大以来，我们党立足于顺应人民群众对美好生活的

难忘的岁月

向往，从最突出的问题抓起、从最现实的利益出发，切实解决基层的困难事、群众的烦心事，赢得了人心、凝聚了共识、稳定了预期。人民群众的获得感、幸福感、安全感得到显著提升，对美好生活增添了真切憧憬，坚定了跟党走的信心和决心。

回望来时路，我们党取得一切伟大成就，无不是苦干出来的。谷文昌是千百万为造福人民不怕苦、能吃苦的共产党人的缩影，展示了共产党人以苦为乐、以苦为荣、勇于吃苦、带头吃苦的壮阔胸怀和崇高品德。为了实现全面建成小康社会奋斗目标，全国开展新时代脱贫攻坚的大决战，数百万党员干部舍小家为大家，将最美的年华无私奉献给了脱贫事业，涌现出许多感人肺腑的先进事迹。如献身教育扶贫、点燃大山女孩希望的张桂梅，用实干兑现"水过不去、拿命来铺"誓言的黄大发，回乡奉献、谱写新时代青春之歌的黄文秀等。历史证明，我们之所以能在共同富裕道路上阔步向前，正是因为许多优秀共产党人甘于清贫、乐于奉献、勇于吃亏、不计得失地为人民办实事办好事，才使9899万农村贫困人口全部摆脱贫困，才创造出又一个彪炳史册的人间奇迹，也必将使党同人民的血肉联系更加坚实。

知识链接　三个女红军与"半条被子"的故事

习近平总书记指出：在湖南汝城县沙洲村，3名女红军借宿徐解秀老人家中，临走时，把自己仅有的一床被子剪下一半给老人留下了。老人说，什么是共产党？共产党就是自己有一条被子，也要剪下半条给老百姓的人。

1934年11月6日，中央红军先头部队抵达湖南省汝城县文明司（今文明瑶族乡），红军卫生部干部团驻沙洲村。红军来到沙洲村时，由于国民党的反动宣传，许多人都上山躲起来了。徐解秀由于生孩子坐月子，又是小脚，就留下来带着婴儿在家。有3位女红军来到她家，跟她拉家常，宣传红军是穷人的队伍，叫她不要害怕。晚上，3位女红军借宿徐解秀家中时，她们看到徐解秀的床上只有一块烂棉絮和一件破蓑衣，就打开她们的被包，拿出被子，和徐解秀母子挤在一张床上睡。3天后，她们临走时要将被子留给徐解秀。徐解秀不忍心，也不敢要，推来推去，争执不下。这时，一位女红军找来一把剪刀，把被子剪成两半，留下半条给徐解秀。3位女红军对徐解秀说：红军同其他部队不一样，红军是共产党领导的，是人民的军队，就是要让老百姓过上好的生活。这时，红军大部队已经开始出发，徐解秀就和丈夫朱兰芳一起送3位女红军追赶大部队。到山边时，天快黑了，徐解秀不放心，想再送一程，因为是小脚，走不快，就让丈夫送她们翻山。谁知她们这一走，就没了音讯。

徐解秀和3位女红军曾经生活的卧室

1984年11月7日,《经济日报》记者罗开富采访了徐解秀老人。老人把他领到一间厢房里,那是当年3位女红军住过的地方。房间有十六七平方米,只有一个小窗户,比较阴暗,木板的床铺上竖着4根竹竿,横着2根,是挂蚊帐用的。木质的床铺和竹竿都因年代久远而发亮了。徐解秀老人说:"那3个女红军走后,我就没有再搬动过床铺。我心里总在想,红军姑娘会回来看我的。"她抚摸了一下枕头说:"我们5个人,两个女红军睡一头,我们母子和另一个女红军睡一头,横盖着她们的那条被子。""3个姑娘长得很漂亮,有一个还不到20岁,心也好。你们说,一条被子能把半条给穷人,天底下哪有这样的好人。我和丈夫送她们上山时,她们还一步三回头地对我说,'大嫂,天快亮了,你回家吧,等胜利了,我们会给你送一条被子来,说不定还送来垫的呢。'现在我已经有盖的了,只盼她们能来看看我就好了。"据村民介绍,红军走后,敌人把全村人都赶到祠堂里,逼大家说出谁给红军做过事。大家都不说,敌人就挨家挨户搜查,女红军留下的半条被子被搜走了。敌人还强拉踢打徐解秀,让她在祠堂跪了半天。徐解秀说:"虽然那时为了红军留下的半条被子吃了点儿苦,不过我也明白了一个道理,什么是共产党?共产党就是自己有一条被子,也要剪下半条给老百姓的人。"

那么,借宿徐解秀家中的3位女红军到底是谁呢?据史料记载,1934年8月12日至14日、10月29日至11月13日,红六军团、中央红军长征先后经过汝城,得到了汝城人民的大力支持。中央红军取得了濠头圩、苏仙岭、泰来圩、青石寨等战斗的胜利,成功突破了国民党军的第二道封锁线,并在汝城县文明司进行了长征以来首次较长时间的休整。1984年11月14日,《经济日报》"来自长征路上的报告"发表罗开富的相关报道后,引起了邓颖超等领导同志的重视。在邓颖超的亲自主持下,一个寻找3位女红军的行动在全国展开,遗憾的是英雄已无觅处。

难忘的岁月

湖南省汝城县文明司沙洲村"半条被子"雕塑

"半条被子"的故事告诉我们：依靠人民、团结人民是中国共产党和红军取得长征胜利的根本保证，也是我们战胜一切困难和风险的根本保证。共产党人只有牢固树立人民利益至上的思想，时时、事事为人民着想，严守党的群众纪律，才能赢得人民群众的信任、支持和拥戴。

（三）中国共产党之所以"能"，关键在于始终保持自我革命精神

马克思主义认为，无产阶级革命与其他革命不同之处就在于：它自己批评自己，并靠批评自己壮大起来。勇于自我革命，是我们党最鲜明的品格，也是我们党最大的优势。回顾我们党成立100年以来波澜壮阔的历程，中国共产党之所以能从各种政治力量中脱颖而出，由小到大、由弱到强，经历艰难困苦而不断发展壮大，领导中华民族实现从站起来、富起来到强起来的历史性飞跃，之所以能始终走在时代前列、成为中国人民和中华民族的主心骨，根本原因就在于始终保持自我革命精神。

苏共垮台的一个重要原因，就是缺乏自我革命精神，导致苏共后期理想信念动摇、特权现象盛行、干部腐化变质、最终失去了人民的支持。其实，只要马克思主义执政党不出问题，社会主义国家就出不了大问题，而要做到执政党不出问题，关键就在于始终保持自我革命精神。回顾我国封建王朝兴衰更替史，习近平总书记指出："功成名就时做到居安思危，保持创业初期那种励精图治的精神状态不容易；执掌政权后做到节俭内敛、敬终如始不容易；承平时期严以治吏、防腐戒奢不容易；重大变革关头顺乎潮流、顺应民心不容易。"纵观党的历史，无论是八七会议还是遵义会议，无论是延安整风运动还是真理标准大讨论，无不是党敢于进行自我革命的表现。在新民主主义革命时期，我们党第一部党章就专门对纪律作出规定，1926年颁布第一个反贪腐文件，坚决查处贪污、以权谋私等消极腐化行为。在社会

主义革命和建设时期，我们党成立中央和各级纪律检查委员会，发起"三反""五反"运动，开展整风、整党，着力解决党内存在的思想不纯、作风不纯、组织不纯等问题。改革开放后，我们党保持清醒头脑，作出"执政党的党风问题是有关党的生死存亡的问题"重大论断，将一手抓改革发展、一手抓惩治腐败贯穿改革开放全过程。党的十八大以来，我们党坚持"打虎""拍蝇""猎狐"无禁区、全覆盖、零容忍，坚持重遏制、强高压、长震慑，全面深入推进自我革命。这既彰显了我们党自我净化机制的强大力量，也显示出了我们党不断解决党自身存在的突出问题、建设成为世界上强大政党的决心与能力。

实现中华民族伟大复兴的历史使命，对我们党提出了前所未有的新挑战、新要求。党面临的"四大考验"将是长期的、复杂的，党面临的"四大危险"将是尖锐的、严峻的。这决定了新时代党的建设新的伟大工程，既要培元固本，也要开拓创新，既要把住关键重点，也要形成整体态势，特别是要发挥彻底的自我革命精神。

拓展阅读　新中国反腐第一案的启示

1952年2月10日，农历正月十五，本该是一个喜庆的日子，然而新中国的这一天却显得有些凝重。河北省保定市的天空划过两声枪响，原天津地委书记刘青山、专员张子善因贪污受贿、腐化堕落被执行死刑。正义的枪声犹如千钧霹雳，震撼了神州大地，震惊了广大干部群众，也震醒了新中国的一大批领导干部，这就是后来人们所说的"新中国反腐第一案"。

对于刘、张二人在解放前的历史，中共河北省委在开除二人党籍的决议中，也有一段评价："刘青山、张子善参加革命斗争均已20年左右，他们在国民党血腥的白色恐怖下，在艰难的八年抗日战争和3年多的人民解放战争中，都曾奋不顾身地为党的事业和人民群众的解放进行过英勇的斗争，建立过功绩。"刘青山、张子善早在30年代就参加了革命，他们在国民党的白色恐怖下，被捕入狱，表现出坚贞不屈的革命意志和始终不渝的革命精神，特别是张子善在敌人的严刑面前不但没有低头，而且还进行了绝食和卧轨斗争，充分展现了一名共产党员大无畏的革命气概。新中国成立后，他们进了城、当了官，反而被胜利冲昏了头脑，没有经受住执政的考验，居功自傲，贪图安逸，以致最后腐化堕落，为自己短暂的一生画上了不光彩的句号。

这起案件的《刑事判决书》里记录着刘青山、张子善的罪行：1950年到1951年短短一年时间里，他们利用职权，盗窃救济粮、贪污赈灾款、侵吞水利资金、骗取银行贷款……钱款总计171亿6272万元（旧币）。按当时的币制标准和市场物价指数，这些钱相当于人民币171万余元，在当时可买粮食2000万斤，可买棉布800万尺，足够50多万人吃一个月并做一身衣服。如果折合成黄金，171亿元在当时可以购买将近一吨！

> 难忘的岁月

原天津地委书记刘青山、专员张子善公审大会

犯下如此滔滔罪行,在面对调查人员时,刘青山还曾大大咧咧地说:"老子们拼命打了天下,享受些又怎么样?"案发后,也有人为刘青山、张子善的死罪向毛泽东求情,表示刘、张二人过去对革命有功。毛泽东则说道:"正因为他们两人的地位高、功劳大、影响大,所以才要下决心处决他们。只有处决他们,才可能挽救20个、200个、2000个、2万个犯有各种不同程度错误的干部。"在"新中国反腐第一案"枪声中,人们听到了"打天下不是为了享受""不要重蹈李自成覆辙"的警示钟声,此案在当时让广大党员干部受到了极大警示,以至于有人感叹"杀了两个人,管住几十年"。

党的十八大以来,以习近平同志为核心的党中央坚持有腐必惩、有贪必肃,一大批"老虎""苍蝇"被绳之以法,充分彰显了我们党依法惩治腐败的鲜明态度和坚定决心。习近平总书记指出:"人民群众最痛恨腐败现象,腐败是我们党面临的最大威胁。当前反腐败斗争形势依然严峻复杂,巩固压倒性态势、夺取压倒性胜利的决心必须坚如磐石。"每一位党员干部必须树牢"四个意识"、坚定"四个自信"、做到"两个维护",不忘初心、牢记使命,自觉用习近平新时代中国特色社会主义思想武装头脑,做到打铁必须自身硬,为夺取反腐败斗争压倒性胜利贡献力量。

"新中国反腐第一案"已经过去60多年了,直到今天,枪决刘青山、张子善的两声枪响,依然振聋发聩,引人警醒。

二、学史明理,深刻明白马克思主义为什么"行"的基本道理

在纪念马克思诞辰200周年大会上,习近平总书记发表了高屋建瓴、视野宏大、思想深刻、内容丰富的重要讲话,阐明了一个非常重要的道理:马克思诞生已

经200年，马克思主义创立已经170多年，马克思的名字依然在世界各地受到人们的尊敬，马克思的思想依然闪烁着耀眼的真理光芒，为什么？因为它是科学的理论，至今仍占据着真理的制高点；它是人民的理论，至今仍占据着道义的制高点；它是实践的理论，至今仍在成功指导实践；它是不断发展的开放的理论，至今仍在与时俱进地创新发展。

（一）马克思主义是科学的理论，至今仍占据着真理的制高点

马克思的一生，是胸怀崇高理想、为人类解放不懈奋斗的一生；是不畏艰难险阻、为追求真理而勇攀思想高峰的一生；是为推翻旧世界、建立新世界而不息战斗的一生。"我们的幸福将属于千百万人，我们的事业将悄然无声地存在下去，但是它会永远发挥作用"。从年轻时立志"为人类而工作"，到撰写震撼世界的《共产党宣言》；从呕心沥血写作《资本论》等经典著作，到义无反顾投身和领导轰轰烈烈的工人运动。"千年第一思想家"马克思创造的最有价值、最具影响力的精神财富，就是以他名字命名的科学理论——马克思主义。马克思主义不仅深刻改变了世界，也深刻改变了中国。《共产党宣言》发表170年来，马克思主义在世界上得到广泛传播，犹如熊熊燃烧的火炬，给人类发展进步带来了光明与力量，极大地推进了人类文明进程，至今依然是具有重大国际影响的思想体系和话语体系。马克思主义之所以具有巨大真理威力和强大生命力，最根本的在于揭示了人类社会发展规律，为人类指明了从必然王国向自由王国飞跃的途径，为人民指明了实现自由和解放的道路。

马克思主义创立已经170年，按照有些人的说法，170年前的思想早已过时了。这种看法不懂思想发展的规律，不懂真理的本性。黑格尔说过："伟大的灵魂——哲学史上的英雄们的身体，他们在时间里的生活，诚然是一去不复返了，但他们的著作（思想、原则）却并不随着他们而俱逝。"思想家的个体生命是有限的，但是他们的思想可以通过对象化的经典著作，为后人吸收、借鉴和继承。马克思主义之所以能占据真理的制高点，因为它是发展着的真理。马克思主义的中国化，就是马克思主义在中国创造性发展的范例。毛泽东思想、邓小平理论、"三个代表"重要思想、科学发展观、习近平新时代中国特色社会主义思想，都是对马克思主义的继承和发展。有些理论家鼓吹中国改革的胜利，是西方新自由主义的胜利、是资本主义私有制的胜利。这是对马克思主义本质的曲解。当代中国马克思主义是发展了的马克思主义。发展了的马克思主义本质仍然是马克思主义，它与历史上的马克思列宁主义既一脉相承，又与时俱进。马克思主义与时俱进的本性，它的创造性、实践性和开放性是马克思主义永远占据真理制高点的内在机制，这种机制保证它不会因为缔造者的离世后继无人而变为思想史上的过客。马克思主义的继承者、信仰者和

难忘的岁月

实践者遍及全世界，也不会由于故步自封、思想僵化而被历史淘汰，被淘汰的只能是一些号称马克思主义，实为教条主义或修正主义的"跳蚤"，而不是科学马克思主义学说。

知识链接　马克思和《共产党宣言》

《共产党宣言》的开篇文笔犀利、大气磅礴，"一个幽灵，共产主义的幽灵，在欧洲游荡。为了对这个幽灵进行神圣的围剿，旧欧洲的一切势力，教皇和沙皇、梅特涅和基佐、法国的激进派和德国的警察，都联合起来了。""现在是共产党人向全世界公开说明自己的观点、自己的目的、自己的意图并且拿党自己的宣言来反驳关于共产主义幽灵的神话的时候了。"在一定意义上，这段话也可以理解为马克思自己遭受当时反动政府联合驱逐，把自己的研究成果公之于世的自我写照。马克思只享寿65岁，却为人类留下了无数代人都取之不尽的宝贵精神财富。

陈望道首译本书影（一大会址纪念馆藏本）　　　　英国伦敦北郊海格特公墓

马克思逝世后被安葬在英国伦敦北郊海格特公墓的僻静角落，20世纪50年代由共产党人迁葬并立半身像。虽然没有豪华的坟墓和高大墓碑，但任何王公贵族、巨商富贾的陵墓都无法与其相比。马克思的名字以自己对无产阶级、对人类世界的伟大贡献永远镌刻在历史的丰碑上。在马克思诞辰200周年之际，世界各地到马克思墓地瞻仰和献花的致敬者很多。"面对我们的骨灰，高尚的人们将会洒下热泪。"马克思青年时代的预言已成为现实。

（二）马克思主义是人民的理论，至今仍占据着道义的制高点

习近平总书记指出："马克思主义是人民的理论，第一次创立了人民实现自身解放的思想体系。马克思主义博大精深，归根到底就是一句话，为人类求解放。"

马克思是全世界无产阶级和劳动人民的革命导师，投身于人类解放事业是他"毕生的使命"。他以各种方式参与推翻资本主义社会，他关心工人阶级的生活和斗争，关心妇女的社会地位和解放，他关心被压迫民族和弱小民族的命运和革命斗争，他支持中国的太平天国运动，支持中国反对英法帝国主义以贸易为借口的侵略战争，谴责帝国主义对中国的无耻掠夺，对中国人民充满同情并对中华民族的觉醒和兴起寄予期待。无论是被反动政府驱逐被迫流亡，无论是遭遇子女夭亡之疼，无论是贫困和疾病的困扰，都不能动摇马克思理论研究的决心。思想史证明，凡是只代表统治者狭隘私利的学说总是不会长久的，因为特定阶级的统治不会长久；凡是反映人民利益的学说和智慧能够留传，因为人民是永存的。马克思主义占据道义制高点，就是因为它代表全世界被压迫者和被剥削者的根本利益，比任何时代的进步学说都具有最广大的人民性。

1844年，马克思和最亲密的战友24岁的恩格斯写下了世界上第一部反映工人阶级状况的书籍《英国工人阶级状况》，他们以青春激昂的笔调、以鲜明而强烈的人民立场揭示资产阶级"它首先生产的是它自身的掘墓人"。在《资本论》中曾写道："资本来到世间，从头到脚，每个毛孔都滴着血和肮脏的东西。"资产阶级为了获取最大利润，毫无顾忌地"吸干了无产者最后的一滴血"。他们认识到，正是无产阶级所处的那种"低贱"的经济地位，必然促使它去争取本身的解放。在《神圣家族》中愤然指出，无产阶级"它不是白白地经受了劳动那种严酷的但是能把人锻炼成钢铁的教育的"，无产阶级"它的目的和它的历史任务已由它自己的生活状况以及现代资产阶级社会的整个结构最明显地无可辩驳地预示出来了""历史上的活动和思想都是'群众'的思想和活动""历史活动是群众的事业，随着历史活动的深入，必将是群众队伍的扩大"。马克思、恩格斯合作撰写的《共产党宣言》，一经问世就震动了世界，差不多译成了所有种类的文字，并且直到今天还是世界各国无产阶级运动的指南，被全球公认是"使用最广的社会政治文献，其永恒影响力跨越国度、跨越时代"。马克思主义站在人民大众的立场上，把为绝大多数人谋利益作为自己的初心和使命。从马克思提出"为组织在公社中的人民服务"，到列宁的"为千千万万劳动人民服务"，再到毛泽东的"全心全意为人民服务"，以及习近平的"以人民为中心"，都充分地体现了马克思主义的人民性。

在21世纪的今天，马克思主义这一人民的理论正在开启历史新篇章。"马克思主义不仅深刻改变了世界，也深刻改变了中国"。这个深刻改变，就在于中国有了"一个以马克思主义为指导、一个勇担民族复兴历史大任、一个必将带领中国人民创造人间奇迹的马克思主义政党"。中国共产党把民族的复兴和人民的解放作为自己的革命目标。为了人民的利益，无数中国共产党人流血牺牲、英勇就义，是革命道德的楷模。时代是出卷人，我们是答卷人，人民是阅卷人。在党的十九大报告中，习近平总书记对"以人民为中心"作了深刻论述，强调"必须坚持人民主体地位，坚持立党为公、执政为民，践行全心全意为人民服务的根本宗旨，把党的群众路线贯彻到治国理政全部活动之中，把人民对美好生活的向往作为奋斗目标，依靠人民创造历史伟业。"这种情怀和责任、这种担当和使命、这种自觉和自信，也如壮丽的日出，照亮着中华民族伟大复兴的征程。

(三) 马克思主义是实践的理论，至今仍在成功指导实践

实践的观点、生活的观点是马克思主义认识论的基本观点，实践性是马克思主义理论区别于其他理论的显著特征。马克思的名言："哲学家们只是用不同的方式解释世界，问题在于改变世界。"马克思主义的创立就是为改造旧世界的实践而产生的。在《德意志意识形态》中对何谓改变世界作了明确阐述："对实践的唯物主义者即共产主义者来说，全部问题都在于使现存世界革命化，实际地反对并改变现存的事物"。历史上不少学派，随着缔造者的逝世而逐步走向没落，马克思主义不会这样。因为马克思主义不仅是一种学说，而且是一种运动，即使马克思和恩格斯已经离世，但世界上千千万万马克思主义的追随者、信仰者、实践者以面对自己时代问题为导向，推进马克思主义，永远保持马克思主义的当代价值。

马克思主义在中国的成功实践，不仅深刻地改变了世界，也深刻地改变了中国。自1840年以来，无数仁人志士为实现民族解放、独立、富强而不断上下求索，是洪秀全发动的农民战争，是康有为的能变则全，不变则亡，全变则强，小变仍亡；也是孙中山先生的驱除鞑虏、恢复中华。但他们都没能逃过一个命运，这些主义在中国统统行不通。十月革命一声炮响，为中国送来了马克思列宁主义，给苦苦探寻救亡图存出路的中国人民指明了前进方向、提供了全新选择。在马克思主义的指引下，我们从成立中国共产党，到带领中国人民浴血奋斗；从推翻了三座大山，到建立了新中国；从改革开放的关键抉择，到新时代的奋勇前行。习近平总书记指出，时代在变化，社会在发展，但马克思主义基本原理依然是科学真理。这一重要论断既体现了我们党对马克思主义的坚定信心，又表明了我们党始终坚持以马克思主义为行动指南的郑重选择。从实践维度看，马克思主义中国化是马克思主义基本原理与中国具体实际的有机结合。我们党坚持一切从实际出发，坚持具体问题具体分析，领导人民充分发挥马克思主义对中国社会实践的指导作用，积极开展社会主义现代化建设伟大实践，不断深化和发展马克思主义中国化，不仅推动了中国经济社会的快速发展，而且展现了马克思主义与中国具体实际相结合的强大威力，引领中国实现了从站起来到富起来的伟大飞跃。

马克思主义基本原理与新时代中国实践相结合，充分说明只有坚持和发展中国

特色社会主义才能实现中华民族伟大复兴。党的十八大以来，以习近平同志为核心的党中央，用全新视野深化对共产党执政规律、社会主义建设规律、人类社会发展规律的认识，团结带领人民进行伟大斗争、建设伟大工程、推进伟大事业、实现伟大梦想，党和国家事业取得全方位、开创性历史成就，发生深层次、根本性历史变革，形成了习近平新时代中国特色社会主义思想。这一重要思想标志着马克思主义中国化又向前迈出了一大步，极大推进了马克思主义中国化的广度和深度，开辟了21世纪马克思主义新境界。

> **扩展阅读 马克思主义在中国的传播**
>
> 1918年，李大钊发表《法俄革命之比较观》《庶民的胜利》《布尔什维主义的胜利》等文章，论述1917年俄国十月革命与1789年法国资产阶级革命的本质区别。1919年，李大钊发表《我的马克思主义观》一文，充分肯定马克思主义的历史地位，揭示马克思主义与俄国十月革命胜利的关系。同年，李达在上海《民国日报》副刊《觉悟》上，先后发表《什么叫社会主义》《社会主义的目的》等文章，并从1919年秋到1920年夏，翻译了《唯物史观解说》《马克思经济学说》和《社会问题总览》三部著作。1919年10月至12月，杨匏安连续发表包括《马克思主义》在内的系列文章，对各派社会主义的要点及其创始人的生平进行了介绍。在李大钊等人的影响和带动下，马克思主义在中国如井喷式传播，各种著作、文章、刊物、研究会如雨后春笋般出现，形成了马克思主义在中国传播的高潮。

（四）马克思主义是开放发展的理论，至今仍在与时俱进地创新发展

马克思主义发展史就是一部根据时代、实践、认识发展而不断推进理论创新的历史，是不断吸收人类历史上一切优秀思想文化成果丰富自己的历史。中国共产党在领导革命、建设和改革的长期实践中，坚持把马克思主义基本原理和中国实际相结合，不断推进马克思主义中国化，先后形成了毛泽东思想、邓小平理论、"三个代表"重要思想、科学发展观等重大理论创新成果，指引中国人民夺取一个又一个胜利。党的十八大以来，以习近平同志为主要代表的中国共产党人紧密结合新的时代条件和实践要求，进行艰辛理论探索，创立了习近平新时代中国特色社会主义思想，科学构建了当代中国马克思主义、21世纪马克思主义。

难忘的岁月

> **知识链接　习近平总书记在纪念马克思诞辰 200 周年大会上发表重要讲话**
>
> 2018 年 5 月 4 日，中共中央总书记、国家主席、中央军委主席习近平在纪念马克思诞辰 200 周年大会上发表重要讲话强调，我们纪念马克思，是为了向人类历史上最伟大的思想家致敬，也是为了宣示我们对马克思主义科学真理的坚定信念。马克思主义始终是我们党和国家的指导思想，是我们认识世界、把握规律、追求真理、改造世界的强大思想武器。新时代，中国共产党人仍然要学习马克思，学习和实践马克思主义，高扬马克思主义伟大旗帜，不断从中汲取科学智慧和理论力量，更有定力、更有自信、更有智慧地坚持和发展新时代中国特色社会主义，让马克思、恩格斯设想的人类社会美好前景不断在中国大地上生动展现出来。

三、学史明理，深刻理解中国特色社会主义为什么"好"的基本道理

一个国家的社会制度好不好，关键要看这种制度是否有利于这个国家的经济社会发展和人民生活水平提高。中国特色社会主义是党和人民历经千辛万苦、付出各种代价取得的宝贵成果。它从奋斗中得来，是实现全面建成小康社会、全面建成社会主义现代化强国、中华民族伟大复兴的必由之路；是焕发科学社会主义生机活力的中国实践；它始终坚持以人民为中心，致力于造福最广大人民群众。中国特色社会主义以其生动实践和伟大成就、以其独特魅力和巨大制度优越性，生动回答了中国特色社会主义为什么"好"这个重大问题。

（一）中国特色社会主义开辟民族复兴正确道路

新中国成立以来，我国经济社会发生了翻天覆地的变化，国家经济实力、综合国力大幅提升，人民生活显著改善，国际地位空前提高，中华民族实现了从站起来、富起来到强起来的伟大飞跃。中国特色社会主义不是从天上掉下来的，而是在改革开放40多年的伟大实践中得来的，是在新中国成立70多年的持续探索中得来的，是在我们党领导人民进行伟大社会革命90多年的实践中得来的，是在近代以来中华民族由衰到盛170多年的历史进程中得来的，是对中华文明5000多年的传承发展中得来的，是党和人民历经千辛万苦、付出各种代价取得的宝贵成果。

马克思说过："理论在一个国家实现的程度，总是决定于理论满足这个国家的需要的程度。"1840年鸦片战争以后，中国陷入内忧外患的黑暗境地。为了实现中华民族伟大复兴，中国人民曾经在黑暗中求索，进行了各式各样的尝试，但都没能解决中国的前途和命运问题。直到中国共产党登上历史舞台，用马克思主义指引中国人民走出漫漫长夜，中华民族伟大复兴才开启了光明征程。新中国的成立，使亿万中国人民摆脱"三座大山"的压迫，站了起来。我们党带领人民创造性地进行社会主义改造，建立社会主义基本制度，并在艰辛探索中逐渐认识到，要实现国家富强、人民幸福，必须走出适合中国国情的社会主义建设道路。党的十一届三中全会后，我们党以巨大的政治勇气和理论勇气开启改革开放进程，成功开创了中国特色社会主义。中国创造了世所罕见的经济持续快速增长的奇迹，人民物质文化生活水平得到极大提升。党的十八大以来，中国特色社会主义进入新时代，党和国家事业发生历史性变革、取得历史性成就。在实现中华民族伟大复兴的征程上，中华民族迎来了从站起来、富起来到强起来的伟大飞跃。站起来、富起来、强起来，三者前后相继，前一阶段是后一阶段的基础和前提，后一阶段是前一阶段的继续和发展，共同绘就一幅壮丽宏伟的历史画卷。这幅历史画卷，以清晰的脉络凸显出一个重大的历史主题：实现中华民族伟大复兴是近代以来中华民族最伟大的梦想；同时，也以充分的事实印证了一个强大的历史逻辑：只有社会主义才能救中国，只有中国特色社会主义才能发展中国，只有坚持和发展中国特色社会主义才能实现中华民族伟大复兴。

（二）中国特色社会主义是适应中国和时代发展进步要求的科学社会主义

社会主义制度与资本主义制度是人类社会发展史上两种截然不同的社会制度。资本主义实行生产资料私有制，在私有制条件下，一方面，生产资料的私人占有与社会化大生产对立，资本主义固有的矛盾无法克服，生产力的发展受到阻碍；另一方面，由于资本逐利的本性，决定了生产的目的是追求资本家的利润最大化，而不是追求人民的福利。因此资本主义生产的趋势必然是两个积累：一边是财富的积累；一边是贫困的积累。资本不断增殖，而劳动人民遭受剥削与压迫，创造的财富极大地被资本家无偿占有。可见资本主义生产的结果，必将导致阶级对立，两极分化。1848年马克思、恩格斯发表《共产党宣言》，第一次全面系统地阐述了科学社会主义原理。科学社会主义是对资本主义的替代，揭示了生产力与生产关系、经济基础与上层建筑之间的矛盾，找到了人类社会发展规律，提出了科学社会主义的一系列基本原则。科学社会主义是人民实现自身解放的思想体系，为探求人类自由解放的道路，最终建立一个没有压迫、没有剥削、人人平等、人人自由的共产主义社会指明了方向，在人类思想史上占据着道义的制高点。

中国特色社会主义既坚持了科学社会主义的基本原则，又根据时代条件不断赋予其鲜明的中国特色。习近平总书记指出："中国特色社会主义，是科学社会主义理论逻辑和中国社会发展历史逻辑的辩证统一，是根植于中国大地、反映中国人民意愿、适应中国和时代发展进步要求的科学社会主义。"我们党坚持把马克思主义基本原理同中国具体实践相结合，创造性地坚持和运用科学社会主义的基本原则。新中国成立后，到1956年我国基本完成了对农业、手工业和资本主义工商业的社会主义改造，将生产资料私有制转变为社会主义公有制，建立起了社会主义制度。党的十一届三中全会以来，我们党从社会主义初级阶段这一基本国情出发，摒弃了对社会主义的教条化理解，坚持把马克思主义基本原理与中国具体实际相结合，运用和发展科学社会主义基本原则，对社会主义的经济、政治、文化等特征作了创造性探索，开创了中国特色社会主义。

上世纪80年代末、90年代初苏东剧变后，西方出现了所谓"历史终结论""社会主义失败论"。在社会主义国家内部，也出现了诸如"马克思主义还灵不灵""社会主义还行不行"之类的疑虑。中国特色社会主义的成功实践，中国综合国力与日俱增、人民生活水平不断提高的事实，让这种论调彻底破产，让这种疑虑日益消散。中国特色社会主义的伟大实践特别是党的十八大以来砥砺奋进的历程充分表明，科学社会主义在中国焕发出强大生机活力并不断开辟新境界，中国特色社会主义的旗帜在中国大地上高高飘扬，中国特色社会主义道路越走越宽广。

（三）中国特色社会主义推动生产力快速发展和造福最广大人民群众

判断一种制度优劣，还要看其为谁服务、为谁谋利。习近平总书记指出，"中国共产党的追求就是让老百姓生活越来越好"。中国共产党人的初心和使命，就是为中国人民谋幸福，为中华民族谋复兴。我们党带领人民走社会主义道路、坚持和发展中国特色社会主义，就是为了实现中国共产党人的初心和使命，造福最广大人民群众，最终实现中华民族伟大复兴。

改革开放以来，我们党始终坚持在发展中保障和改善民生，全面推进幼有所育、学有所教、劳有所得、病有所医、老有所养、住有所居、弱有所扶，不断改善人民生活、增进人民福祉。从1978年到2018年，全国居民人均可支配收入由171元增加到2.82万元，中等收入群体持续扩大。目前我国已建成包括养老、医疗、低保、住房等在内的世界上最大的社会保障体系，基本养老保险覆盖超过9亿人，医疗保险覆盖超过13亿人。在反贫困领域，我们党不断谱写辉煌篇章。截至2018年末，全国农村贫困人口从2012年末的9899万人减少至1660万人，累计减少8239万人。40年来我国贫困人口累计减少7.4亿人，农村贫困发生率从1978年的97.5%下降到2018年的1.7%，下降了95.8个百分点。按照党中央的计划目标，2020年我国农村贫困人口将全部脱贫。事实充分证明，中国特色社会主义制度有力保证了人民生活水平不断提高，促进了人的全面发展和全体人民的共同富裕，人民群众有了更多、更直接、更实在的获得感、幸福感、安全感。

中国特色社会主义进入新时代，人民群众美好生活需要日益增长。我们党坚持以人民为中心的发展思想，以造福人民为最大政绩，从群众最关心的问题入手，把民生疾苦放在心头，把改革发展责任扛在肩上，着力解决我国发展不平衡不充分的问题，一大批惠民举措落地实施，推动发展成果更多更公平惠及全体人民。正如习近平总书记深刻指出的，"中国特色社会主义是不是好，要看事实，要看中国人民的判断，而不是看那些戴着有色眼镜的人的主观臆断。中国共产党人和中国人民完全有信心为人类对更好社会制度的探索提供中国方案。"

（四）中国特色社会主义为世界社会主义发展贡献了中国智慧和中国方案

世界社会主义如何发展，这是社会主义各国探索和思考的问题，也备受全球关注。20世纪90年代初，随着苏联、东欧等社会主义国家改旗易帜，世界社会主义运动跌入低潮，西方出现了所谓"历史终结论""社会主义失败论"等言论。甚至在一些社会主义国家内部，也出现了"马克思主义是否过时了"这样的疑虑。而中国特色社会主义的成功实践，让这些论调彻底破产，也让这种疑虑日益消散。特别是十八大以来，中国共产党领导人民砥砺奋进的历程充分表明，科学社会主义在中国焕发出强大生机活力，中国特色社会主义的旗帜在世界上高高举起，中国特色社会主义道路越走越宽广。

中国特色社会主义实践的发展，改变了长期占主导地位和垄断话语权的西方现代化模式，打破了习惯用西方价值标准和发展模式主宰世界的错误认知。2018年我国人口在全世界的占比达到了18.3%，中国人民创造的成就对世界的意义和影响非同一般。邓小平同志曾指出，"只要中国不垮，世界上就有五分之一的人口在坚持社会主义。我们对社会主义的前途充满信心。"中国特色社会主义不断取得的重大成就，拓展了发展中国家走向现代化的途径，给世界上那些既希望加快发展又希望保持自身独立性的国家和民族，用和平发展走向现代化提供了全新选择，为解决人类问题贡献了中国智慧和中国方案。

难忘的岁月

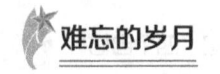

第二节 学史增信，坚定"四个自信"

心中有自信，脚下才会有力量，步伐才会更坚定。纵观我们党的百年历程，约有2000万名烈士为民族独立、人民解放和国家富强、人民幸福英勇牺牲。百年党史中涌现出了无数可歌可泣的革命英烈和时代楷模，他们矢志不渝的理想信念，是新时代中国共产党人走好新时代长征路的强大动力。当今世界正处于百年未有之大变局，实现中华民族伟大复兴进入关键时期，要通过增强理想信念来不断凝聚力量，动员全党全国满怀信心投身全面建设社会主义现代化国家。学史增信，就是要铭记我们党的每一段历史，在厚植爱党爱国为民情怀中，进一步坚定中国特色社会主义道路自信、理论自信、制度自信、文化自信。

（一）抵制错误思潮，坚定中国特色社会主义道路自信

习近平总书记指出，"我对中国发展前景充满信心。为什么有信心？最根本的原因是，经过长期探索，我们已经找到一条适合中国国情的正确发展道路"。"中国特色社会主义不是从天上掉下来的，是党和人民历尽千辛万苦、付出巨大代价取得的根本成就。"近代以来，为实现民族独立和人民解放、国家繁荣富强和人民共同富裕两大历史任务，无数仁人志士前赴后继，奋起抗争，但一次又一次地失败了。直到中国共产党成立后，中国革命的面貌才焕然一新。中国共产党领导人民经过28年艰苦卓绝的奋斗，取得了新民主主义革命的胜利，建立了新中国，解决了第一个历史任务。为实现第二个历史任务，我们党从1956年开始领导人民探索符合中国国情的社会主义建设道路。以党的十一届三中全会为新的历史起点，我们党带领人民在总结新中国成立以来正反两方面经验的基础上开拓创新，继续前行，成功开辟了中国特色社会主义道路，取得了举世瞩目的伟大成就。党的十八大以来，在以习近平同志为核心的党中央的坚强领导下，党和国家事业发生历史性变革、取得历史性成就，中国特色社会主义进入新时代，中华民族迎来了从站起来、富起来到强起来的伟大飞跃。

一个国家实行什么样的主义，从来都不是随心所欲的，关键是要看这个主义是否能够解决这个国家所面临的历史性课题。历史和现实都告诉我们，只有社会主义能够救中国，只有中国特色社会主义能够发展中国。当今世界，意识形态领域的斗争日趋激烈，特别是一些西方国家企图对中国进行和平演变，不断对中国进行文化上的侵略和意识形态领域的渗透，资本主义国家企图用西方社会价值观和生活方

式对大学生为主的青年施加影响，渗透所谓的西方"民主""自由"，诋毁、歪曲党和国家发展中所取得的成就。进入新发展阶段，国际形势波谲云诡，各种思想文化交流交融交锋更加频繁，国际思想文化领域斗争依然深刻而复杂，不同意识形态的斗争长期存在，有时会相当尖锐；从国内来看，经济社会深刻变革，利益格局深刻调整，社会思想观念日益多元多样多变，引领社会思潮、凝聚思想共识的任务艰巨复杂。部分大学生受历史虚无主义及实用价值观念影响，出现了理想信念模糊、"四个自信"弱化、道德观念滑坡、能力素质下降等现象。一些大学生由于不了解中国的历史发展和现实状况，因而对于中国选择走社会主义道路的原因缺乏充分的认识，他们总是拿我国在发展过程中遇到的一些问题与挫折与发达的资本主义国家进行比较，认为中国与发达国家相比差距太大，其原因在于他们的历史观还尚未完全形成。改革开放以来，我国的经济、政治、文化、社会、生态等都得到了巨大的发展，这些变化另世人瞩目也让发达国家为之震撼，当代大学生应理性地看待我国改革发展的过程中出现的问题，加强自身的理论学习，深刻理解我国的历史与现实，坚定社会主义的道路自信，努力学习科学文化知识，提升自己的实践能力，做到理论和实践的有效结合，从而对中国道路的科学性与真理性有一个正确的认识。

拓展阅读　抹黑英雄恶搞历史成网络公害

《亲历者讲述刘胡兰的真挚恋情》一文走红网络，通过实地走访刘胡兰生前当事人，讲述烈士生前身后事，澄清历史、揭示真相、以正视听。这既揭露了网络博文《在武力胁迫下，乡亲们颤抖着，铡死了刘胡兰》的造假，也是对网上抹黑英雄、歪曲历史现象的一次有力回击。

在互联网丛林中，历史虚无主义悄悄披上了摩登的外衣，罔顾事实质疑一切，恶搞戏说颠覆主流：黄继光堵枪眼不合理，刘胡兰系被乡亲所杀，《雷锋日记》全是造假，狼牙山五壮士其实是土匪……这些现象是网络恶搞文化的一个缩影，却从深层次反映出一些网民价值观的缺失与精神信仰的迷失。

质疑抹黑吸睛，背后暴露的是历史虚无主义，以及"过度反思"所掩盖的文化不自信和价值观危机。

"如果黄继光堵住枪口1秒钟，按M1917的技术参数，则至少身中七弹，他将吸收3万焦耳的能量，这能量足以打碎一块巨石。所以只要黄是人类，就不可能有稍微完整的尸体残留。"一段时间以来，网络上质疑黄继光英雄事迹的言论层出不穷，甚至有网友在微博上用看似科学的数据加以佐证。面对质疑，目睹黄继光就义的老战友李继德义愤填膺地说："这绝对是给英雄抹黑，给我们军人抹黑。"

被质疑的不只是黄继光。有媒体报道，一位军史教员在课下就曾被学员诘问：

难忘的岁月

"您难道不看微博吗？您刚才讲的邱少云事迹，违背生理学常识，根本不可能！"某网站上的一篇文章，更通过貌似详实的生理学和医学分析，得出结论："邱少云在被火烧的瞬间，以及过程中不断加重的刺激引发的运动，是不可能通过意志来抑制而保持完全的'一动不动'"。

"实质上，振振有词的所谓'生理学'说辞背后，折射出的是网络舆论场上潜藏的一股意识形态暗流"，中国社科院研究员孟威，将这种互联网"颠覆观"归咎为其"背后的历史虚无主义，以及'过度反思'所掩盖的文化不自信和价值观危机"。

"对自己的历史、民族的文化乃至于自己的民族，采取轻蔑的、否定的态度，把自己的历史说得一无是处"，北京大学原副校长梁柱教授这样定义历史虚无主义。

互联网时代，历史虚无主义并非只有一张面孔，在"时尚元素"的包装下往往会粉墨登场——通过网络"恶搞"、调侃，乃至丑化、滑稽化英雄先烈和历史人物：赖宁是"官二代"，雷锋玩"姐弟恋"，岳飞是"大地主"，孔子是"丧家犬"……

打着"学术研究"的旗号，高举"学术自由"之名，这是很多历史虚无主义者的"标配"。清华大学历史系教授戚学民认为，"学术研究是有规则的，遵守严格的学术方法，并且可以验证。而网上历史虚无主义的文章，要么是先有结论，再找证据，以否定民族之根；要么就是简单的情绪宣泄，从不尊崇任何学术规范。"

互联网时代，信息是先发布后过滤，"无数普通个人都可以运用新兴传播技术成为直接面向公众与社会发声的信源。因此，'未经证实'或'未经官方证实'就进入社会的信息，从数量上呈现爆炸式增长。"对于网络谣言的产生，北京师范大学艺术与传媒学院副教授何威这样表述。

除却"空穴来风"式的凭空杜撰，把历史事件或人物孤立起来看，以偏概全，以支流代替主流并得出结论也是历史虚无主义的一大特征。

"质疑历史应有底线，对于那些经过历史评定的、民族达成共识的，进而成为整个社会象征符号的历史人物，不可随意触碰，这是一个国家赖以存在的基本价值。"北京大学中文系教授张颐武表示。

"在任何国家都如此，包括西方社会。"中国政法大学商学院教授杨帆认为，"某种意义上说，这类历史英雄形象已经不仅仅是科学问题，更是信仰问题。"

面对网络一些"翻案风"，国防大学教授徐焰表示，"这种鼓噪的目的，只是想说中国革命的对象都是些'好人'，并以此来否定当年的革命战争和建立新中国的合理性。这根本就不是追求史学'公正'，而是一种政治斗争手段。"

有专家指出，历史虚无主义网上"任性"的背后，是一些别有用心者的阴谋，不仅涉及史学领域的大是大非，而且关系做人立身的根本。如果长期无视甚至放纵，可能导致严重的后果。

依法严厉打击，截至目前已有133个以"揭秘""真相"为噱头，打着"你不知道的历史"等旗号的微信公众账号被关闭。

首都互联网协会相关负责人表示，互联网上传播歪曲党史国史信息的违法违规行为，突破底线，违反社会主义核心价值观，严重扰乱网络传播秩序，应当依法予以严厉处置。北京属地重点网站应当主动承担社会责任，阻断歪曲党史国史信息的传播，积极推送优秀作品。网站从业人员要提升思想认识，以正确历史观指导业务开展，要培养相关编辑人员树立正确历史观，提高辨别力，把好内容关。

国家网信办有关负责人指出，呵护良好的网络环境，还需要发挥网民的监督作用。"网络生态需要网民共同维护。某种程度上，网络就是一个小社会。同现实社会一样，网络空间允许有不同声音，多元观点，但不能突破法律和道德底线。所以，每一位网民都应该自觉守住底线，把握住边界。"该负责人说。

以戏说代替正说，以调侃代替客观中立的叙述，以质疑代替解读……国防大学教授公方彬认为，"摧垮高尚、消灭英雄的狂欢过程，或许会带来些许快乐。但'拉黑'之后呢？丧失了精神偶像，最终陷入痛苦的只能是自己。"

(二) 感悟经典力量，坚定中国特色社会主义理论自信

习近平总书记指出："在人类思想史上，就科学性、真理性、影响力、传播面而言，没有一种思想理论能达到马克思主义的高度，也没有一种学说能像马克思主义那样对世界产生了如此巨大的影响。"同时，习近平总书记在纪念马克思诞辰200周年大会上的讲话中指出："马克思主义是科学的理论，创造性地揭示了人类社会发展规律；马克思主义是人民的理论，第一次创立了人民实现自身解放的思想体系；马克思主义是实践的理论，指引着人民改造世界的行动；马克思主义是不断发展的开放的理论，始终站在时代前沿。"

红色基因，作为我们党一切精神的总和，并不是一个人或几个人总结得出。而是由近百年来，无数仁人志士集体勇敢和智慧的结晶。如今的红色，也早已不再仅仅只限于象征鲜血和牺牲，而更是成了信仰和力量的源泉。党在不同历史阶段的理论体系是马克思主义思想与中国革命建设实践相结合的产物。从毛泽东思想、邓小平理论，到"三个代表"重要思想和科学发展观，再到习近平新时代中国特色社会主义思想，一脉相承，发展创新之中，党的自身理论建设方面得到了极大的充实和完善。中国革命的成功经验和事业建设事业的伟大成就证明，中国特色社会主义理论体系是马克思主义基本原理同当代中国实际相结合的产物，是完全符合中国基本国情的、最鲜活的马克思主义。传承红色基因，就是要树立"只有社会主义才能救中国，只有社会主义才能发展中国"的坚定信念。正如习近平总书记指出的那样：

"理论上坚定成熟,什么力量也不能动摇我们。"

所谓理论自信,就是对理论价值的充分肯定,对理论发展进程和未来的充分认识,对理论价值的生命力有坚定的信念。中国特色社会主义理论体系立足于国情、根植于人民,是被实践证实的科学理论。纵观世界历史,没有任何一个国家、任何一个政党,能像中国一样,在数十年的时间里创造出如此科学完备的理论体系。当前,"马克思主义无用论""马克思主义失灵论""马克思主义形式论"等在现实生活中还有一定市场。大学生要旗帜鲜明地反对和抵制各种错误观点,用马克思主义武装头脑,深刻认识马克思主义是我们观察世界、分析问题的强大思想武器,能够明辨是非,坚定对中国特色社会主义的理论自信,深入研究历史唯物主义、辩证法等马克思主义基本原理,用辩证的方法认识自己、认识社会、认识世界,从而形成正确的世界观、人生观和价值观。

扩展阅读 "一寸河山一寸血",抗战时期这些发生在济宁的惨案,我们要铭记

1937年卢沟桥事变,日本发动了全面侵华战争,中华民族面临亡国的严重危险。10月初,沿津浦铁路南犯的日军第十师团侵入山东。国民党山东省政府主席兼第三集团军总司令韩复榘率部在鲁北地区稍作抵抗后,旋即命令地方部队及地方官员撤往黄河以南。11月,日军向山东再度大举进犯。韩复榘为保存实力,再次命令黄河以北的部队和地方官员向黄河以南撤退,鲁北地区遂沦入敌手。12月23日,日军分两路渡过黄河,大举南犯、东侵。日军刚过黄河,韩复榘即率第三集团军和省政府经泰安、济宁向鲁西南和豫东撤逃。山东境内的国民党地方部队和政府官员也纷纷随之南逃。1937年10月,日军侵入山东,11月23日渡过黄河,12月27日济南失陷。之后,在四五个月内,济宁之周边各地便相继沦陷。1938年1月4日,日军侵占兖州、曲阜,5日侵占邹县,11日攻陷济宁和泗水城,大肆烧杀抢夺,无恶不作。

据不完全统计,仅在济宁城关就有平民1170人被杀害。2月24日,日军攻陷嘉祥县城。嘉祥的广大人民群众惨遭日军践踏。3月28日,日军沿微山湖畔追击国民党川军第十师团某联队长绿岛,在对被骗进教堂(在叶家大院)避难的几千名群众奸淫杀戮后,又凶残地杀害了姓朱和姓杨的两名无辜村民进行了所谓的"猪羊大祭"。4月12日正逢金乡县鸡黍镇罗马古会,人员云集。上午11时,2架日军飞机在古会上空沿3里长街投弹3枚,致使117人死亡,174人受伤,其状惨不忍睹。5月11日,日军出动11架飞机对泗水尧山村进行了轮番轰炸。日伪军300余人又杀进村内,放火焚烧房屋,致使8名村民被炸死或杀害,1人受伤;1000余间房屋和

粮食、衣物悉为灰烬，1000余头牛羊被烧死，全村400余户村民无家可归，流离失所。日军为实现其夺取徐州并向西打通陇海线的战略意图，令驻济宁各地日军继续南侵。1938年5月日军1个团通过嘉祥南部的武翟山向金乡、鱼台进发，遭到国民党第三军团七十四师的阻击后，死伤惨重，遂缩回武翟羽山，向手无寸铁的村民进行了残酷的大屠杀，全村500余人，被日军杀害了127人。5月14日日军侵占了金乡县城。在途中，日军所经村庄皆遭血洗。县城沦陷后，日军进行了4天大搜捕、大屠杀，上至耄耋老人，下至怀中孩提，均不放过。杀戮手段惨绝人寰，骇人听闻。在此大屠杀中，据不完全统计，死难者3347名，民房被烧毁670余间，城内大小坑塘飘满了尸体，鲜血染红了坑水。5月16日，日军侵占鱼台县城，残酷杀害无辜群众200人，纵火烧毁大片房屋，掠夺大量财物，6月2日，日军火烧泗水太平庄，1300多间房屋、4400余头牲畜和家禽、20多万斤粮食和其他财物悉数化为灰烬……之后，日军又南进沛县、萧县、荡山等地，所到之处，黎民涂炭，罪行罄竹难书。

勿忘国耻　警钟长鸣

据统计，日军一次杀害我居民10人以上的重大惨案66起，其中50人以上的19起，百人以上的12起，千人以上的2起，制造了"济宁城惨案""嘉祥武翟山惨案""金乡惨案"等一系列骇人听闻的大屠杀，造成了微山"朱（猪）杨（羊）大祭"等惨剧的发生。

济宁城惨案。日军攻陷济宁城后，驱使汉奸沿街叫喊，把居民骗到街上来。有的居民刚出家门，便被日军用刺刀捅死，用马刀劈死。鞋匠李二、车夫李治水等几十人先后惨死在日军屠刀之下。在南门大街（后为古槐路），一队日军由北向南搜索行进。他们边走边抓人，走近南门时，便把抓到的30余人全部枪杀。在晁家街，日军用机枪向聚集在天主教堂门前的居民射击，当场打死、打伤200余人。在西大寺街，日军闯入民宅，见人就杀。回民沙协中等十几人被日军残杀在自己家里。日军还向来清真寺的回民开枪射击，打死打伤100余人。在王母阁街，日军用机枪向搬运"洋面"的工人扫射，霎时，尸横遍地，血流成河。日军还对躲进四周城墙防空洞里居民用机枪扫射，投手榴弹，40多个防空洞全部成了血窟，居民死伤难以计数。日军在进行大屠杀的同时，还丧心病狂地奸淫妇女。他们当着丈夫的面强奸妻子，当着父母的面奸污女儿，上至六七十岁的老妪，下至十二三岁的女童，都成了日军淫虐的目标。日军为取暖还烧毁民宅、木器，并将民宅抢劫一空。据当时红十字会不完全统计，仅被日军杀害的居民就有1170余人。

武翟山惨案。1938年5月11日晨，日军1个师团通过嘉祥县南部的武翟山向金乡、鱼台进发，遭到国民党第3集团军55军74师的伏击，死伤惨重，撤退至武翟山，又遭74师的炮击。日军失利，遂疯狂报复。中午12时许，穷凶极恶的日本侵略军对武翟山的老百姓施行了惨绝人寰的大屠杀。全村500多口人就有127人被残酷杀害（包括外村来走亲戚、讨饭的15人）。凶残的日军见人就抓，逢人就砍，将抓获的青壮年用绳子一串串绑起来押到村北靛池旁，用刺刀一个个捅死。盖庆贤家祖孙三代19人，被杀害了17口。即使七八十岁的老人、十余岁的儿童也惨遭杀害。日军无恶不作，大肆屠杀之后又抢劫财物，奸污妇女，残害牲畜，破坏水井。被日军洗劫后的武翟山村家家穿服戴孝，户户悲哀痛哭，惨不堪言。

金乡惨案。金乡县位于山东省西南部、微山湖西岸，东临鱼台，西靠成武、巨野，南接单县和江苏省徐州市，北连嘉祥和济宁市任城区。抗日战争期间，金乡县的地理位置十分重要，是日军攻占徐州的西北门户，因而成为了日军的必争之地。1938年5月11日下午，日军4架飞机飞抵金乡县城上空，投下数十枚炸弹，城北门到城西门一线，顿时淹没在硝烟火海中，许多人、畜被炸死，铺面、民房被炸塌。马家胡同徐占安一家3口正在吃午饭，被炸得血肉模糊。旧大门内刘伦山的饭馆被夷为平地，跑堂的伙计被炸得只捡到一只脚。城内秩序大乱，居民惶惶不安，纷纷扶老携幼，投亲奔友，争往乡下逃生。在轰炸县城的同时，日军迅速挺进至金乡城北胡集大义一线，完成了对金乡县城的迂回包围。

5月13日傍晚，日军开始猛烈攻城。国民党第五战区第三集团军第二十九师一部进行了抵抗。城内的3000多名民工和一部分未逃走的青壮年居民，手持铁锨、镐头参加战斗。激烈战斗进行到5月14日凌晨，国民党守军伤亡惨重，余部突围南逃。民工依然拼死抵抗，终因寡不敌众，西门被攻破，继而全城陷落。

第四章 传承红色文化基因，坚定"四个自信"

日军进入金乡城西苏楼村

日军进城后进行了疯狂残暴的大屠杀。躲藏在城墙洞内的民工，或被枪击而死，或被火烧而亡。5月14日晨，日军开始逐家逐屋地搜抄捕杀，上至古稀老人，下到怀中婴儿，均不放过。其杀人手段惨绝人寰，骇人听闻。日军将搜出的刘玉章等21人先挨个搜身，然后又把他们押到东南城墙角炮楼处。年近八旬的罗化章老人，被日军一棍砸了下去，不满10岁的孩子李大路被日军用刺刀挑起扔了下去。当他们一个个被刀劈棍砸摔下炮楼后，日军又扔下20多颗手榴弹。随着一阵阵爆炸声，尸肉横飞，鲜血四溅，城墙上的日军则发出了狼嚎般的狂笑声。刘玉章等3人幸免于难，满身带着血迹，从难友的尸体下爬了出来。城内奎星湖前的天主教堂里，躲藏着教徒、民工和居民180余人。他们被搜出后驱赶至文峰塔前，日军先用机枪扫射，后又投掷了大批手榴弹，180余人全部被杀死。

金乡鸡黍集惨案

> 难忘的岁月

日军在金乡县城连续屠杀了四天，无所不用其极。城西关高步清一家13人有11人被杀，德茂祥商号19人被杀。在城内西南角的南家后坑边，日军分三次屠杀了400余人。东关一段城墙上下，横尸300多具。北门里女子学校的二楼上躺着30多具少女尸体，有的披头散发，有的裸露身躯。她们是被日军奸淫后又残杀的。城内奎星湖、蝇子坑、眼睛坑、南家后坑等大小坑塘内，都漂满了尸体，水变成了红色。城内大街小巷，尸骸遍地，血腥冲天。

日军将金乡县城洗劫一空后，于5月17日大部南犯，其余一部驻守金乡。从此，日军侵占金乡达七年之久。其间，实行惨无人道的法西斯统治，极力推行"治安强化运动"，不断对金西、金南抗日根据地进行"清乡""扫荡"，实行残酷的烧光、杀光、抢光的"三光"政策和"蚕食"、封锁、"囚笼"政策。同时，收买汉奸，建立"维持会""县公署""保安大队"，推行"以华治华"的策略，致使全县生灵涂炭，民不聊生，人口减少，经济全面崩溃，农业连年歉收，个体手工业倒闭，大部分学校停办，经济和社会发展出现了严重倒退。

前事不忘，后事之师。日军血洗金乡县城，除少数民工脱险，其余大部遇难，加上城内未逃出及城周围村庄的遇害百姓，共有3347人被杀害，民房、店铺670余间被烧（炸）毁。金乡县由此成为山东省抗日战争时期人口伤亡和财产损失最惨重的地区之一。70多年前的金乡惨案，至今在全县60万人民心中滴淌着鲜血，成为我们心中永远抹不去的伤痛！

（三）构筑民族复兴根本保障，坚定中国特色制度自信

制度自信，简要地说，就是对自己国家社会制度的认同、坚守和捍卫。制度是国家之基、社会之规。中国特色社会主义制度为中国特色社会主义道路的延展设定了"方向标示"和"通行规则"，从而确保道路始终沿着中国特色社会主义正确方向前进。

新中国成立以来，我们党依靠和带领全国各族人民不断探索实践，开辟了中国特色社会主义道路，确立了中国特色社会主义制度，又坚定不移通过改革开放探索社会主义制度的有效实现形式。改革开放以来，中国的发展插上了腾飞的翅膀，以"仅仅"40余年时间，走完了西方国家200年走完的路，随着科技的发展、经济的腾飞，铁一般的事实证明了中国共产党领导下的中国特色社会主义制度优势。新冠肺炎疫情在中国和世界多国爆发，每个政府在应对之时，让全世界人民看到了中国政府在中国共产党领导下，坚决优先保障人民群众的生命权、健康权，以巨大的政治勇气毫不犹豫地实施疫情防控隔离措施，迅速切断传染源，在救治新冠肺炎患者的过程中，全力以赴救治每一个患者，对重症患者更是一人一策，精心护理，绝不

放弃任何一次挽救生命的希望。中国疫情防控阻击战取得重大战略成果，充分彰显了党的领导和我国社会主义制度的显著优势，"中国之治"和"西方之乱"更是形成鲜明的对照，中国仅用两个月就基本阻断了新冠肺炎疫情的本土传播，而西方发达资本主义国家至今仍处于疫情的严重影响之下。

党的十八大以来，以习近平同志为核心的党中央把制度建设摆到更加突出的位置，强调要构建系统完备、科学规范、运行有效的制度体系，推进国家治理体系和治理能力现代化，并指出中国国家制度和国家治理体系具有十三个方面的显著优势，这些优势是中国特色社会主义制度的精辟总结和阐述，我们要进一步坚定制度自信，着力把制度优势转化为治理效能，不断释放制度的巨大能量，让制度优势和治理效能形成良性互动，在推进治理体系和治理能力现代化上迈出坚实步伐。

扩展阅读　人民至上、生命至上的中国答卷——从白皮书看中国抗击疫情历程

这是一场近百年来影响范围最广的全球性大流行病——200多个国家和地区受到波及，全球确诊病例超过600万例。在以习近平同志为核心的党中央坚强领导下，14亿中国人民经过艰苦卓绝的努力，新冠肺炎疫情防控阻击战取得重大战略成果，维护了人民生命安全和身体健康，为维护地区和世界公共卫生安全作出了重要贡献。国务院新闻办公室2020年7日发布《抗击新冠肺炎疫情的中国行动》白皮书，以约3.7万字的篇幅，记录中国人民抗击疫情的伟大历程，与国际社会分享中国抗疫的经验做法，阐明全球抗疫的中国理念、中国主张。

中国抗疫的艰辛历程，是14亿人民刻骨铭心的共同记忆。新冠肺炎疫情是新中国成立以来传播速度最快、感染范围最广、防控难度最大的一次重大突发公共卫生事件，对中国是一次危机，也是一次大考。中国共产党和中国政府高度重视、迅速行动，习近平总书记亲自指挥、亲自部署，统揽全局、果断决策，为中国人民抗击疫情坚定了信心、凝聚了力量、指明了方向。白皮书指出，2020年1月22日，中共中央总书记、国家主席、中央军委主席习近平作出重要指示，要求立即对湖北省、武汉市人员流动和对外通道实行严格封闭的

医护人员走向武汉火神山医院病房

难忘的岁月

交通管控。封闭一个千万人口的大城市，意味着怎样的牺牲？

白皮书指出，疫情爆发后，以宁可一段时间内经济下滑甚至短期"停摆"，也要对人民生命安全和身体健康负责的巨大勇气，对湖北省和武汉市果断采取史无前例的全面严格管控措施。在中国共产党领导下，全国上下贯彻"坚定信心、同舟共济、科学防治、精准施策"总要求，打响抗击疫情的人民战争、总体战、阻击战。"白皮书通篇用事实说话、用数据说话，是一个国家抗疫历程的全景记录，也是14亿中国人民的集体记忆。"中国工程院副院长王辰院士深有感触。令人惊叹的数据，展现出这场大考之下的中国行动——从全国调集4万名建设者和几千台机械设备，仅用10天建成有1000张病床的火神山医院，仅用12天建成有1600张病床的雷神山医院。令人瞩目的时间表，展示出科研人员争分夺秒与病毒赛跑——2020年1月7日，中国疾控中心成功分离新型冠状病毒毒株；1月8日，国家卫生健康委专家评估组初步确认新冠病毒为疫情病原；1月12日，中国疾控中心、中国医学科学院、中国科学院武汉病毒研究所作为国家卫生健康委指定机构，向世界卫生组织提交新型冠状病毒基因组序列信息，在全球流感共享数据库（GISAID）发布……白皮书列出中国抗疫艰辛历程的五大阶段——从迅即应对突发疫情，初步遏制疫情蔓延势头，到本土新增病例数逐步下降至个位数，取得武汉保卫战、湖北保卫战决定性成果，再到全国疫情防控进入常态化，中国走出艰难时刻。

陆军军医大学医疗队进驻武汉市金银潭医院

白皮书中，通篇体现人民至上情怀。一个重症患者由三个护士看管，24小时病危报告，国家级专家巡诊……"一系列针对重症病患的救治举措，体现中国政府始终坚持人民至上、生命至上的原则。"国家卫生健康委主任马晓伟在国新办发布会上说。白皮书指出，习近平总书记高度重视疫情防控工作，全面加强集中统一领导，强调把人民生命安全和身体健康放在第一位，提出"坚定信心、同舟共济、科学防治、精准施策"的总要求，明确坚决打赢疫情防控的人民战争、总体战、阻击战。

在全国，实施史无前例的大规模公共卫生应对举措，通过超常规的社会隔离和灵活、人性化的社会管控措施，构建联防联控、群防群控的防控体系。

一组数据记录下疫情防控阻击战的一个个重要时刻——

全国共指定1万余家定点医院，对新冠肺炎患者实行定点集中治疗；武汉16家方舱医院累计收治患者1.2万余人，累计治愈出院8000余人、转院3500余人，实现"零感染、零死亡、零回头"……对中国的防控救治实践，国际权威医学期刊《柳叶刀》社论认为："中国建造的方舱庇护医院对于缓解医疗卫生系统所承受的巨大压力有着至关重要的作用。"

依法、及时、公开、透明发布疫情信息，速度、密度、力度前所未有。白皮书指出，截至2020年5月31日，国务院联防联控机制、国务院新闻办公室共举行新闻发布会161场，邀请50多个部门490余人次出席发布会；湖北省举行103场新闻发布会，其他省份共举行1050场新闻发布会。

武汉体育中心方舱医院   **工作人员展示新型冠状病毒灭活疫苗样品**

人类战胜大灾大疫离不开科学发展和技术创新。8天时间确定病原体，16天研发成功检测试剂盒……目前，我国对疫苗的总体研发进度与国外持平，部分技术路线进展处于国际领先。"疫苗研发要把安全性、有效性、可及性放在重要位置。"科技部部长王志刚在国新办发布会上说，中国疫苗成功得到了应用，并已落实承诺，作为公共产品向全球提供。

14亿中国人民都是抗击疫情的伟大战士。"人民是中国抗疫斗争的最大底气和力量源泉。"中央宣传部副部长、国务院新闻办公室主任徐麟在国新办发布会上这样表示。自2020年1月24日除夕至3月8日，全国共调集346支国家医疗队、4.26万名医务人员、900多名公共卫生人员驰援湖北。14亿中国人民，不分男女老幼，不论岗位分工，都自觉投入抗击疫情的人民战争，他们是抗击疫情的伟大战士。4月8日零时，"武汉重启，不负春天"的字样准时亮起，"英雄的城市、英雄的人民"

灯光秀点亮武汉三镇的夜空。从"九省通衢"看神州大地，马路和街道逐渐变得喧闹，嘈杂市井升腾起熟悉的烟火气，工厂机器再度轰鸣，一茬茬秧苗插进田里……白皮书指出，截至4月底，全国规模以上工业企业复工率超过99%，中小微企业复工率达到88.4%，重大项目复工率超过95%；湖北全省规模以上工业企业复工率、员工到岗率分别达到98.2%、92.1%，整体接近全国平均水平。

大疫当前，更显众志成城。武汉一位90后女青年的父亲因疫情去世，已感染新冠肺炎的她每天登录父亲的微信号，给患病的母亲以力量；长沙一位90后小伙儿奔赴武汉，几十天如一日用私家车接送医务人员上下班，被称为街头最美"摆渡人"……这些感人至深的故事，处处闪耀着"万众一心、共克时艰"的人性光辉。在中国，党和政府与人民是血肉相连的整体，在抗击疫情中民众的作用是巨大的。一切为了人民、一切依靠人民，这是中国共产党全部工作的出发点和落脚点。

共同构建人类卫生健康共同体。当前，全球新冠确诊病例数上升的趋势仍未停止。面对严重危机，人类又一次站在了何去何从的十字路口。白皮书指出，各国应为全人类前途命运和子孙后代福祉作出正确选择，秉持人类命运共同体理念，齐心协力、守望相助、携手应对，坚决遏制疫情蔓延势头，打赢疫情防控全球阻击战，护佑世界和人民康宁。"面对日益严峻的全球疫情形势，中国感同身受，投桃报李，尽己所能向各方提供支持和帮助，毫无保留地分享中国经验和中国方案。"外交部副部长马朝旭在国新办发布会上说。白皮书指出，中国第一时间向世界卫生组织、有关国家和地区组织主动通报疫情信息，分享新冠病毒全基因组序列信息和新冠病毒核酸检测引物探针序列信息，定期向世界卫生组织和有关国家通报疫情信息。为缓解全球防疫物资短缺问题，中国尽己所能，慷慨解囊。白皮书指出，中国向世界卫生组织提供两批共5000万美元现汇援助；截至5月31日，中国共向27个国家派出29支医疗专家组，已经或正在向150个国家和4个国际组织提供抗疫援助……

（四）弘扬革命精神，增强文化自信

习近平总书记指出："当今世界，要说哪个政党、哪个国家、哪个民族能够自信的话，那中国共产党、中华人民共和国、中华民族是最有理由自信的。"这种自信既源于我党百年波澜壮阔的奋斗历程和辉煌成就，也源自中华民族五千多年文明历史所孕育的中华优秀传统文化，更得益于党领导人民在革命、建设、改革中创造的革命文化和社会主义先进文化。今天站在"两个一百年"奋斗目标的历史交汇点上，发展社会主义先进文化，构筑新时代的中国精神、中国价值，培育和守护好中华民族的精神家园，既离不开对中华优秀文化的创造性转化、创新性发展，也离不开党史文化的深植厚培和丰富滋养，继承和发扬党史文化是新时代坚持文化自信的

题中应有之义。

> **扩展阅读　实施文化名市发展战略，建设文明新济宁**
>
> 　　济宁是历史文化名城，世世代代的济宁人民创造了灿烂的古代文明。始祖文化、邹鲁文化、运河文化、水浒文化是中华文化的重要组成部分，博大精深的儒家文化更是起源于此。济宁是山东省乃至全国较早建立中共组织的地区之一，红色文化同样是中华文化的闪光点。文化是民族之根、城市之魂。为把丰富的历史文化进一步发扬光大，2003年4月，济宁市第十次党代表会确定了建设文化名市的战略目标，要求全市以建设文化名市为抓手，充分发挥济宁文化建设与社会发展新优势，积极培育具有较高思想道德素质、科学文化水平和较强民主法制观念的时代新人。全市文化产业增加值年均增幅高于GDP增幅，逐渐将济宁打造成海内外华人向往的东方圣城、中华文化标志城，具有国际影响力与吸引力的文化旅游名城，世界儒学研究与文化交流中心，文明礼仪之邦。
>
> 　　1. 文化和旅游事业快速发展。成功举办了世界旅游日中国主会场庆祝活动、国际孔子文化艺术节、中国京杭运河文化节等重大文化活动，继续兴建完善了运河文化广场、济宁广播电视中心等城市标志性文化设施，孔子文化会展中心、《济宁日报》、市文体中心等一批文化重点工程项目也相继开工建设。实施了文物保护重点项目和重点工程，继曲阜"三孔"被列为世界文化遗产后，曲阜、邹城被列为国家级历史文化名城。

　　图解：祭孔，是华夏民族为了尊崇与怀念至圣先师孔子，而主要在孔庙（文庙）举行的隆重祀典，是世界祭祀史、人类文化节史上的一个奇迹。祭孔大典是山东省曲阜市专门祭祀孔子的大型庙堂乐舞活动，每年阴历八月二十七日孔子诞辰时举行。2006年5月20日，山东省曲阜市申报的祭孔大典经国务院批准列入第一批国家级非物质文化遗产名录。

难忘的岁月

兖州花棍舞　　　　　　　　邹城的阴阳板

嘉祥的唢呐、邹城的阴阳板、兖州的花棍舞等一批民间艺术形式被重新挖掘整理，一批优秀的民间艺人和民间艺术之乡得以涌现。2006年《鲁西南鼓吹乐》《祭孔大典》《孔孟之乡的梁祝传说》等3项非物质文化遗产项目入选首批国家级非物质文化遗产保护名录。注重弘扬传统文化与发展现代文化相结合，中国（嘉祥）石雕艺术节、孟子故里（邹城）中华母亲文化节、汶上宝相寺太子灵踪文化节、中国（梁山）水浒文化节、微山荷花节、泗水桃花节、金乡大蒜节等文化活动，对于镀金当地文化与经贸文化产生了良好的推动作用。

中国人历来有家国情怀，崇尚天下为公、克己奉公，信奉天下兴亡、匹夫有责。中华民族是一个历经苦难的民族，但每一次灾难都激发出无数中华儿女蕴藏心底的为国分忧、为民担当的壮志豪情。党史学习过程中，我们不仅要学习那些抛头颅、洒热血的英雄烈士视死如归、为国献身的精神，更应该将他们身上所传承的中华民族精神发扬光大，不断挖掘并镌刻不同时代的文化传承佳话，撑大我们的民族精神，锤炼民族品格，锻造民族风骨，促进民族自新，为中华民族伟大复兴注入强大精神动力。

革命文化是指中国共产党领导中国人民在伟大斗争中构建的文化，它以马克思主义为指导，以"革命"为精神内核和价值取向。在中国共产党领导人民进行革命的不同阶段，形成了红船精神、井冈山精神、长征精神、抗日精神、延安精神、西柏坡精神等不同表现形态的精神。这些革命文化，是党和人民在伟大斗争中孕育的，是无数革命先烈的鲜血和生命铸就的，是中华精神的革命创造与薪火相传，永远闪耀着历史的光芒，需要我们继承发扬。革命理想高于天，党的历史就是革命文化的生动教材，"砍头不要紧，只要主义真"，夏明翰的坚定执着感动着无数人；"愿拼热血卫吾华"的左权将军已是共产党人的一座精神丰碑。深入学习革命文化，能深切感受到共产党人坚如磐石的信仰力量。

社会主义先进文化，就是以马克思主义为指导、以改革创新为核心，继承和弘扬中华优秀传统文化和五四运动以来形成的革命文化，吸收借鉴世界优秀文化成果，集中体现全国各族人民在新的历史条件下的精神追求，始终代表当代中国发展前进方向的文化。我们倡导的社会主义核心价值观是社会主义先进文化的灵魂，它决定着文化性质和方向的最深层次要素，要通过教育引导、舆论宣传、文化熏陶、时间养成、制度保障等使社会主义核心价值观内化为人民的精神追求，外化为人民的前行动力，融入社会生活，让人民在实践中感知它、领悟它、实现它。这也将使中华民族永远屹立于世界民族之林，走进世界舞台的中央。

坚定文化自信，必须加强党史学习教育，以文化自信之光烛照启航新征程。我们党百年波澜壮阔的历史，就是一部文化不断传承接续、创新创造的发展史，是一部不断坚定文化自信的历史。斯诺在《西行漫记》中评述道：长征之初，当时几乎人人都认为完了，认为这是为红军送葬出殡。然而，苦难辉煌，浴火重生，超越人类生理极限的挑战创造出伟大的奇迹，磨砺出伟大的精神。统计显示，中央红军整个长征途中，平均每行进1公里，就有3至4名战士壮烈牺牲……他们的伟大精神，已深深融入中国共产党的血液。从红船精神、井冈山精神、长征精神，到大庆精神、两弹一星精神、雷锋精神，再到改革开放精神、抗疫精神、脱贫攻坚精神，等等，这些富有时代特征、鲜明特色的宝贵财富，流淌着滚烫的文化血脉，激励、支撑着一代又一代共产党人领导人民矢志不移、不断前行，为我们在新的历史条件下进行传承创新奠定了坚实基础。一个国家、一个民族、一个政党，没有坚定的文化自信，就犹如一盘散沙，难以在日趋激烈的国际竞争中站稳脚跟。只有铭记党史，不忘初心，弘扬传统，才能赓续血脉，夯实根基，坚定自信，也才能把我国建设成社会主义文化强国，为新时代中国特色社会主义伟大事业提供精神动力和价值支撑。

第三节　学史崇德，明大德守公德严私德

一部党史，是前赴后继、百折不挠、创造辉煌的奋斗史，一代又一代中国共产党人顽强拼搏、不懈奋斗，展现了崇高的精神品格和道德风范，所形成的红船精神、井冈山精神、长征精神等一系列伟大精神，正是共产党人精神血脉和道德风貌的生动展现；涌现出的一大批视死如归的革命烈士、一大批顽强奋斗的英雄人物、一大批忘我奉献的先进模范，正是共产党人作为时代先锋、民族脊梁、道德楷模的形象代表。

难忘的岁月

中国共产党百年历史所培育的光荣传统和优良作风，构筑起的中国共产党人精神谱系，更是照亮前进征程的一面明镜。新时代的青年大学生在学习党史中，做到"学史崇德"要求，应注重从红色基因中汲取道德营养，自觉传承中华传统美德和中国革命道德，从红色精神谱系中立心铸魂，从英雄人物和时代楷模身上体悟道德风范，就要明大德、守公德、严私德，在投身崇德向善的实践中不断提高道德品质。

一、感悟信仰力量，崇尚对党忠诚之大德

"德"在汉语中的记载，最早可追溯到先秦思想家老子所著的《道德经》一书。老子说："道生之，德畜之，物形之，势成之。是以万物莫不尊道而贵德。"可见，中国自古就有重德的优良传统，认为"德"是涵养万物的承载。在党的史册上，从三湾改编到古田会议，从延安整风到新式整军，一次次思想洗礼、精神重塑，成为立德固本、铸魂育人的生动实践；从"支部建在连上"到"党指挥枪"的原则，从"革命理想高于天"到"全心全意为人民服务"的宗旨，从"三大作风""两个务必"到"德才兼备，以德为先"的标准，一系列立党兴党强党的卓越历史创造，构成具有丰富深邃思想道德蕴含的价值观念体系，闪耀着马克思主义价值观、道德观的思想光芒。对新时代的青年大学生来说，不仅要熟悉党史国史，更要深刻掌握其中所蕴含的丰富精神内核。我们党从苦难走向辉煌，自强不息、艰苦奋斗、不怕牺牲、敢于斗争、勇于探索、不断前进等伟大精神始终贯穿其中，这是激励继往开来、奋勇向前的永恒动力、不竭动能。

"天下至德，莫大乎忠。"对党忠诚，是共产党人首要的政治品质。对于共产党人来讲，忠诚于党的信仰、党的组织、党的理论和路线方针政策就是大德。对党忠诚，关键是要有坚定的理想信念。回顾百年奋斗征程，正是因为千千万万党员干部对党绝对忠诚，我们党才具有无往而不胜的强大力量，党和人民的事业才不断发展壮大。革命年代，面对生死抉择，方志敏大义凛然、慷慨陈词："敌人只能砍下我们的头颅，决不能动摇我们的信仰！"江善忠"死到阴间不反水，保护共产党万万岁"的杀身成仁。1927年5月，党的五大选举产生了首届中央监察委员会，委员会由王荷波、杨匏安等10名委员组成，他们在极端严酷环境下开展监察工作，没有一人背叛党组织，先后有8人牺牲在刑场或战场上，1人在战争年代下落不明，最终只有1人看到了新中国的成立，他们用鲜血书写了对党组织的无限忠诚。建设年代，面对极端困难和恶劣环境，铁人王进喜喊出了"宁可少活二十年，拼命也要拿下大油田"的豪言壮语。无数革命英烈和先进模范，用铁血担当甚至是宝贵生命诠释了共产党人忠诚于党的大德。

老一辈革命家这种坚如磐石的信念是我们学史崇德的最好教材、最好老师。通

过学习党史和党的百年奋斗征程，感悟并崇尚一代代共产党人对党忠诚的大德，筑牢信仰之基、补足精神之钙、把稳思想之舵，在大是大非面前旗帜鲜明、在风浪考验面前无所畏惧、在各种诱惑面前立场坚定。

扩展阅读　鲁南七校学生抗日请愿和兖州卧轨截车斗争

"九一八"事变后，面对日本帝国主义侵略中国的罪行及国民党政府"攘外必先安内"的反动政策，各阶层爱国人士无不痛心疾首，义愤填膺，各地学生纷纷到南京向国民政府请愿。抗日救亡、反帝爱国高潮在全国日益高涨。根据这一形势，中共曲阜特支按照中共山东省委的安排，决定发动南下请愿斗争。为了壮大声势，曲阜特支以山东省立第二师范学校（习称曲阜二师）学生会的名义发出通知，约请泰安县师、泰安省立三中、兖州第四乡师、曲阜明德中学等鲁南七校学生齐集兖州，共同索车南下请愿。曲阜二师的请愿队伍达四五百人，由学生会及各班代表组成"南下请愿指挥部"，统一指挥鲁南七校的南下请愿斗争。下设宣传组，负责动员发动和对外宣传；外交组负责与各校联系和交涉车辆；还选拔了30多名骨干组成敢死队，准备在向站方交涉不成时夺车南下。

鲁南七校学生兖州火车站卧轨截车旧址

1931年12月16日清晨，南下抗日请愿队伍启程。傍晚，七校学生共有2000多人在兖州车站聚齐。请愿指挥部向站方索车，兖州车站一位副站长电请南京政府铁道部，回电曰：把列车砸了，也不能去（南京）。面对铁道部门的阻挠，学生们决定夺车。当201次特别快车向南驶来，敢死队全体队员马上勇敢地跑上去卧轨，在他们英勇无畏行动的带动下，其他同学也纷纷趴到冰冷的铁轨上。201次特别快车被迫停下，宣传组立即登车，说明截车的目的是为南下抗日请愿。旅客们被青年学生的抗日爱国精神所感动，纷纷下车。请愿学生全部登车。但站方却不准开车，双方僵持不下。这样，津浦路交通中断，南下列车滞留泰安，北上列车滞留滕县、临

难忘的岁月

城，相持4昼夜。韩复榘深为震惊，令驻兖州的二十二师派兵前往镇压。学生们毫不畏惧，趁机向军警讲演，宣传抗日，高呼团结抗日口号，并张贴"打倒国民党"、"拥护苏维埃"等标语。同时，指挥部派出部分学生，三五人一组分头去兖州城里及附近乡村宣传，控诉日本帝国主义侵略中国的罪行，揭露国民党政府的不抵抗政策。

鲁南七校学生兖州火车站卧轨截车场景还原

19日，自南京北返的平津和济南请愿学生抵兖，与七校师生会师，双方代表召开联席会议。平津代表报告在南京请愿的情况，指出蒋介石对学生进行镇压，和平请愿已无济于事。会商后，二师请愿指挥部研究决定：中止赴宁，各返本校，准备以后进行其他形式的斗争。兖州截车斗争持续五天四夜，是我党领导的进步学生与国民党反动派对日妥协、"攘外必先安内"反动政策的尖锐斗争，宣传了我党的抗日反蒋方针，揭露了其投降卖国的反动本质和罪恶行径，同时生动地教育了广大师生和人民群众。学生们的爱国壮举，为山东学生运动的历史增添了光荣的一页，与青岛、济南等地的学生斗争一起，成为山东革命史上的一个重要事件。

二、感悟为民情怀，崇尚为民造福之公德

公德是指为维护社会公众的安宁和幸福所展现出来的良好品行和高尚情操。习近平总书记指出："守公德，就是要强化宗旨意识，全心全意为人民服务，恪守立党为公、执政为民理念，自觉践行人民对美好生活的向往就是我们的奋斗目标的承诺，做到心底无私天地宽。"中国自古就有大道之行、天下为公的民本思想，强调为公就是大道、为民即是公德。中国共产党人批判地继承了民本思想的合理因素，

秉持"江山就是人民、人民就是江山"的执政理念，坚持立党为公、执政为民，始终把群众路线贯彻到治国理政全部活动中。

百年征程波澜壮阔，百年初心历久弥坚。从石库门到天安门，从兴业路到复兴路，我们党百年来所付出的一切努力、进行的一切斗争、作出的一切牺牲，都是为了人民幸福和民族复兴。在党的百年波澜壮阔的历史进程中，共产党人为了人民的利益，前赴后继地进行了艰苦卓绝的斗争，付出巨大牺牲。近代以来，没有一个政党能像我们党这样，能为了人民的利益作出如此巨大的牺牲。

不怕吃亏、甘愿吃亏体现的是共产党人的无私奉献精神，为了实现共同富裕，兑现"全面小康一个也不能少"的庄严承诺，我们党展开了新时代脱贫攻坚的大决战，数百万党员干部舍小家为大家，奔向边远的贫困地区，将最美的年华无私奉献给了脱贫事业，涌现出许多感人肺腑的先进事迹。如献身教育扶贫、点燃大山女孩希望的张桂梅，用实干兑现"水过不去、拿命来铺"誓言的黄大发，回乡奉献、谱写新时代青春之歌的黄文秀等。历史充分证明，我们之所以能在共同富裕道路上阔步向前，正是因为许多优秀共产党人甘于清贫、乐于奉献、勇于吃亏，不计得失地为人民办实事办好事，才使9899万农村人口全部摆脱贫困，才创造出又一个彪炳史册的人间奇迹。

学史崇德，就要从党的非凡历史中感悟一代代优秀共产党人在革命、建设和改革进程中展现出来的为维护人民利益而不怕吃苦、不怕牺牲的崇高品德，强化宗旨意识，坚持立党为公、执政为民，始终把人民利益摆在至高无上的地位，不断把为人民造福事业推向前进。

三、感悟革命先辈及英雄模范的品格风骨，崇尚严于律己之私德

私德是私人生活中的道德规范。习近平总书记指出，"严私德，就是要严格约束自己的操守和行为"。中国共产党是一个严守政德、严明纪律的政党，之所以能够从小到大、从弱到强，在一个拥有14亿人口的大国执政，最重要的优势就是守政德、严私德。

严于律己，必须坚持严于修身、慎独慎微。修身是立身之基、从政之道、成事之要。老一辈革命家为我们树立了很好的榜样：毛泽东同志要求子女亲属拥有"四项特权"，即为革命牺牲的特权、饱受苦难的特权、被执行纪律的特权、艰苦奋斗的特权；徐特立同志提出"三不要"的座右铭，即一不要有特殊思想、二不要有优越感、三不要脱离群众；黄克诚大将有"三不准"的家规，即不准动用国家汽车、不准找工作人员帮自己办事、不准靠我的什么"关系、后门"。老一辈革命家严于修身律己的事迹不仅是严私德的真实写照，更是我们学史崇德的榜样。

难忘的岁月

严于律己，必须习惯在监督约束下工作生活。能否正确对待、自觉接受党和人民监督，是衡量党性修养和道德水平的重要标尺。《关于新形势下党内政治生活的若干准则》明确指出："党内不允许有不受制约的权力，也不允许有不受监督的特殊党员""领导干部要正确对待监督，主动接受监督，习惯在监督下开展工作，决不能拒绝监督、逃避监督"。新时代的共产党人，必须树立更高标准，自觉接受监督，把党和人民的监督视作最大的关心、最好的保护、最真诚的帮助，养成在监督约束下工作与生活的习惯。

严于律己，必须严格家教家风。家教家风是共产党人私德的重要体现，具有涵养道德、厚植文化、润泽心灵的德治作用。注重家教家风建设，是我们党的优良传统，也是加强私德建设的重要内容。如毛泽东确立了"恋亲不为亲徇私、念旧不为旧谋利、济亲不为亲撑腰"的亲情"三原则"，罗荣桓提出了"永远做老实人、靠自己的本事吃饭、不要搞特殊"的家训家规，等等。老一辈革命家以近乎苛刻的家教家风家规要求，树起了崇高的精神风范，展现了强大的人格魅力，彰显了共产党人怀德自重的精神境界。

学史崇德，就是要在党史学习中感悟并崇尚老一辈革命家严于修身律己、自觉接受监督约束、严格家教家风的伟大品格，自觉把个人追求和人生价值体现在为党和人民事业奋斗之中，做到在生死考验前大义凛然、在苦乐考验中矢志不渝、在公私考验前高风亮节，不断提升个人的精神境界。

第四节　学史力行，在知史中奋发有为

一代人有一代人的责任。当代青年是同新时代共同前进的一代。我们面临的新时代，既是近代以来中华民族发展的最好时代，也是实现中华民族伟大复兴的最关键时代。广大青年既拥有广阔发展空间，也承载着伟大时代使命。青年是国家的希望、民族的未来。对广大青年学生来说，这是最大的人生际遇，也是最大的人生考验。"学而不思则罔，思而不学则殆"，学习党史不能浮于表面，而是要融会贯通，在深悟百年精神上下工夫。我们更应在学习党的历史中升华初心，以党史之光照亮新的征程，不断从党史中汲取实践力量。

一是要爱国，忠于祖国，忠于人民。爱国，是人世间最深层、最持久的情感，是一个人立德之源、立功之本。孙中山先生说，做人最大的事情，"就是要知道怎

么样爱国"。我们是中华儿女，要了解中华民族历史，秉承中华文化基因，有民族自豪感和文化自信心。要时时想到国家，处处想到人民，做到"利于国者爱之，害于国者恶之"。爱国没有条件，更不是一道选择题。中国的未来属于青年，中华民族的未来也属于青年。爱国，不能停留在口号上，而是要把自己的理想同祖国的前途、把自己的人生同民族的命运紧密联系在一起，扎根人民，奉献国家。当下，面对复杂多变的国际形势，一些人打着所谓"重评历史"的幌子，否定近现代中国革命史、党的历史和中华人民共和国历史，抹黑英雄，诋毁革命领袖，企图混淆视听、扰乱人心，从根本上否定马克思主义指导地位和中国走向社会主义的历史必然性，否定中国共产党的领导。作为当代大学生要树立正确的历史观，自觉传承好中华民族辉煌灿烂的历史文化，坚持以党关于历史问题的两个决议和党中央有关精神为依据，准确把握党的历史发展的主题主线、主流本质，正确认识和科学评价党史上的重大事件、重要会议、重要人物。

二是要励志，立鸿鹄志，做奋斗者。苏轼说："古之立大事者，不惟有超世之才，亦必有坚忍不拔之志。"王守仁说："志不立，天下无可成之事。"可见，立志对一个人的一生具有多么重要的意义。广大青年要培养奋斗精神，做到理想坚定，信念执着，不怕困难，勇于开拓，顽强拼搏，永不气馁。幸福都是奋斗出来的，奋斗本身就是一种幸福。1939年5月，毛泽东同志在延安庆贺模范青年大会上说："中国的青年运动有很好的革命传统，这个传统就是'永久奋斗'。我们共产党是继承这个传统的，现在传下来了，以后更要继续传下去。"为实现中华民族伟大复兴的中国梦而奋斗，是我们人生难得的机遇。每个青年都应该珍惜这个伟大时代，做新时代的奋斗者。

三是要力行，知行合一，做实干家。"大道至简，实干为要。"学到的东西，不能停留在书本上，不能只装在脑袋里，而应该落实到行动上，做到知行合一、以知促行、以行求知，正所谓"知者行之始，行者知之成"。大学生应当继承党重视实践的优良传统，走出课堂，走向社会，以实际行动表达对于党的历史和知识的理解与认同。可以参观社会主义现代化建设取得突出成绩的企事业单位，切身感受党牢记初心不断创造的辉煌成就；走出校园，接受各种与党的历史知识、光荣传统、优良作风相关的教育；发掘家乡党史资源，感受地方党史的精神内涵和时代特征；将党史知识与时事新闻相结合，掌握和理解最前沿的党史知识、国家政策和创新思维，从而在实践中力行学史爱党、知史爱国的信念和担当。

本章小结

习近平总书记多次强调加强青少年思想政治工作的重要性和必要性，在给陕西

难忘的岁月

照金北梁红军小学的学生回信中指出:"希望你们多了解中国革命、建设、改革的历史知识,多向英雄模范人物学习,热爱党、热爱祖国、热爱人民,用实际行动把红色基因一代代传下去。"2021年是中国共产党成立100周年,以习近平同志为核心的党中央作出开展党史学习教育的重大决策,具有重大的政治意义、历史意义、时代意义。青年一代要深入学习贯彻习近平总书记重要指示精神和党中央决策部署,紧密结合开展党史学习教育,学史明理,不断增强对党的政治认同、思想认同、情感认同,牢固树立共产主义远大理想和中国特色社会主义共同理想;学史增信,坚持不懈用习近平新时代中国特色社会主义思想武装头脑,始终同以习近平同志为核心的党中央保持高度一致;学史崇德,大力弘扬光荣传统和传承红色基因,做党和人民事业的合格接班人;学史力行,努力增强才干和本领,自觉在全面建设社会主义现代化国家新征程中找准定位,把个人梦融入中国梦,切实肩负起时代赋予的责任和使命,为全面建设社会主义现代化国家奉献青春力量。

随堂测试

一、选择题

1. 近代以来,中华民族面对着2大历史任务:一个是(   );一个是实现国家繁荣富强和人民共同富裕。

　　A. 反对帝国主义　　　　　　　　B. 反对封建主义
　　C. 求得民族独立和人民解放　　　D. 实现民族复兴

2. (   )是中国革命史上具有重要意义的事件,标志着中国新民主主义革命的开端。

　　A. 辛亥革命　　　　　　　　　　B. 护国运动
　　C. 五四运动　　　　　　　　　　D. 二次革命

3. 新冠肺炎疫情发生后,党中央将疫情防控作为头等大事来抓,习近平总书记亲自指挥、亲自部署,坚持把(   )放在第一位。

　　A. 人民生命安全和身体健康　　　B. 控制疫情和经济社会发展
　　C. 控制疫情和疫苗研发　　　　　D. 人民生命安全和经济社会发展

4. (多选)(   )是我国的立国之本。

　　A. 坚持社会主义道路　　　　　　B. 坚持人民民主专政
　　C. 坚持中国共产党领导　　　　　D. 坚持马列主义毛泽东思想

5. (多选)党章要求,党员要发扬社会主义新风尚,带头实践(   ),为了保护国家和人民的利益,在一切困难和危险的时刻挺身而出,英勇斗争,不怕牺牲。

A. 社会主义核心价值观　　　　　B. 社会主义荣辱观

C. 提倡共产主义道德　　　　　　D. 弘扬中华民族传统美德

6.（多选）习近平总书记十分重视在全党开展党史学习教育，将党史学习教育的主要内容概括为16个字：（　　）。

A. 学史明理　　　　　　　　　　B. 学史增信

C. 学史崇德　　　　　　　　　　D. 学史力行

7.（多选）作为新时代的青年大学生在学习党史中，做到"学史崇德"要求，应注重从红色基因中汲取道德营养，自觉传承中华传统美德和中国革命道德，从红色精神谱系中立心铸魂，从英雄人物和时代楷模身上体悟道德风范，就要（　　）。

A. 讲道德　　　　　　　　　　　B. 明大德

C. 守公德　　　　　　　　　　　D. 严私德

8.（多选）学史增信，坚定"四个自信"：（　　）。

A. 道路自信　　　　　　　　　　B. 制度自信

C. 文化自信　　　　　　　　　　D. 理论自信

9.（多选）学史明理，就要深刻理解"三个为什么"：（　　）。

A. 中国共产党为什么能　　　　　B. 马克思主义为什么行

C. 社会主义制度为什么好　　　　D. 中国特色社会主义为什么好

二、思考题

1. 2021年是中国共产党成立100周年，在16个字"学史明理、学史增信、学史崇德、学史力行"党史学习要求中，"学史明理"应该明什么"理"？

2. 什么是"红色文化基因"？作为当代大学生应该如何传承革命精神？

3. 西方资本主义社会把历史虚无主义思潮当作西化和分化中国社会的有力武器，新时期历史虚无主义的一个集中表现就是对革命进行否定和贬低，对中国人民为争取民族独立和民族解放进行反帝反封建进行讽刺，对社会主义制度以及中国取得的成就进行否定。作为一个大学生怎样抵制西方错误思潮的影响？

三、实践训练

利用寒暑假或者学校组织的清明祭英烈活动时间，参观鲁西南战役纪念馆、济宁烈士陵园或到济宁任一处红色地标进行参观学习，根据自己对党史的学习思考，分解细化重大历史事件、历史人物，从不同侧面、不同角度表达出自己的所思所想，全面梳理事件所发生的历史背景、经过、意义，绘制出一幅属于自己的"红色记忆"思维导图。

结束语

　　济宁历史悠久,早在一万年前就有古人类居住。世世代代的济宁人民创造了灿烂的古代文明和先进文化。其中,博大精深的儒家文化就起源于此,始祖文化、邹鲁文化、运河文化、水浒文化则同样是中华文化的重要组成部分,是中华古代文明的闪光点。1840年鸦片战争以后,在半殖民地半封建社会状态下的济宁人民,却蒙受了种种屈辱和磨难,陷于水深火热之中。为了改变自己的命运和拯救国家民族的危亡,济宁人民一次次奋起抗争,投入革命斗争的洪流。"十月革命"一声炮响给中国送来了马克思列宁主义,长期在黑暗中挣扎的济宁人民开始看到了曙光。曲阜、济宁、兖州等地的进步师生奋起响应,投入了反帝反封建的火热斗争,为济宁党组织的建立和发展奠定了思想基础。济宁地区共产党人和革命志士为了追求民族独立,国家繁荣和人民共同富裕,前赴后继,自强不息,开展了风起云涌的革命斗争,使济宁人民进一步从黑暗走向光明,从贫穷走向富强,从衰弱走向兴盛。1949年10月1日,中华人民共和国成立后,济宁人民在党的领导下又进行了社会主义革命、建设和改革开放,并取得了辉煌的历史成就。

　　从抗日战争的烽火,到解放战争的硝烟,济宁共产党人不屈不挠的革命斗争精神和为人民谋利益的共产主义精神,为后世子孙留下了波澜壮阔的历史篇章和可歌可泣的英雄事迹,在风起云涌的革命斗争中,济宁各级党组织在中共中央和中共山东省委的正确领导下,带领济宁人民坚定信念,创造了灿烂的济宁红色革命文化。紧跟党走、严守纪律、不怕牺牲、百折不挠、大公无私、忠于信仰等精神,构成了济宁革命精神的内核。从新中国的诞生到改革开放的今天,党领导济宁人民又在奋斗中崛起、在发展中前进。从新中国的诞生到改革开放的今天,党领导济宁人民又在奋斗中崛起、在发展中前进,济宁各级党组织团结带领人民群众,高举中国特色社会主义伟大旗帜,全面贯彻党的十八大、十九大精神,坚持以马克思列宁主义、毛泽东思想、邓小平理论、"三个代表"重要思想、科学发展观、习近平新时代中国特色社会主义思想为指导,坚持党的基本理论、基本路线、基本方略,牢牢把握科学发展观跨越发展总基调,深化各项改革,不断开创社会主义现代化建设新局面,全市经济、政治、文化、社会事业和党的建设取得显著成就,开创了又好又快发展的新局面。

　　习近平总书记高度重视红色基因传承,反复强调:"要发挥红色资源优势,深入进行党史军史的光荣传统教育，把红色基因一代代传下去""要充分利用新的时代特点发扬革命传统、培育和践行社会主义核心价值观，更好地学习和生活。"在庆祝中国共产党成立 100 周年之际，编写本书对于推进红色文化的弘扬，红色文化基因的传承，具有重要的现实意义，使广大青年学生从中深刻领悟理想信念的光辉和精神信仰的力量，把爱国情、强国志、报国行自觉融入坚持和发展中国特色社会主义、建设社会主义现代化强国、实现中华民族伟大复兴的奋斗之中，让红色精神激发力量，走好新时代的长征路。

图书在版编目（CIP）数据

难忘的岁月 / 许可, 徐森林主编. -- 北京：中国书籍出版社, 2021.9
ISBN 978-7-5068-8693-2

Ⅰ.①难… Ⅱ.①许… ②徐… Ⅲ.①济宁-地方史 Ⅳ.①K295.23

中国版本图书馆 CIP 数据核字(2021)第 186874 号

难忘的岁月

许 可 徐森林 主编

责任编辑	襁 悦
责任印制	孙马飞 马 芝
封面设计	王昱雯
出版发行	中国书籍出版社
地　　址	北京市丰台区三路居路 97 号（邮编：100073）
电　　话	（010）52257143（总编室）　　（010）52257140（发行部）
电子邮箱	eo@chinabp.com.cn
经　　销	全国新华书店
印　　刷	青岛环海瑞源印刷科技有限公司
开　　本	787 mm × 1092 mm　1 / 16
字　　数	158 千字
印　　张	8.5
版　　次	2021 年 9 月第 1 版　2021 年 9 月第 1 次印刷
书　　号	ISBN 978-7-5068-8693-2
定　　价	29.00 元

版权所有　翻印必究